娘が妊娠したら知りたい50のこと

家族が幸せになれる孫育て

［監修］
NPO法人
孫育て・ニッポン理事長
棒田 明子

イースト・プレス

はじめに

お嬢様のご懐妊、おめでとうございます。お孫さんのご誕生が待ち遠しいですね。

喜びとともに、ご自身がお嬢様を出産したときのことを思い出された方もいらっしゃることでしょう。また、妊娠の報告を受けて、「私は何を手伝ってあげたらいいのか？」「娘は里帰りをするのか？」など、ご自身の役割について考えられた方もいらっしゃるかと思います。

本書は、2003年から全国各地で開催している祖父母向け講座の声、今まさに出産を控えている、または産後で祖父母にサポートを受けているママ・パパの声を反映した内容になっています。

「どこまで手伝ってあげたらいいのか」「どこまで口をはさんでいいのか」が難しいと、皆さんおっしゃられます。10組の親と娘がいれば、娘の妊娠、出産、子育てのサポートの方法は10通り。ひとつとして同じものはありません。お嬢様の心の声をよく聞き、本書を参考にしながら、お嬢様のサポートの方法を検討していただけたら幸いです。

昭和と令和の妊娠、出産、子育てを比較すると、「床上げは産後3週間」「子育ては、子どもに目を、手を、声をかけ、愛情をたっぷり注ぐ」など、変わらないところもあれば、「沐浴後やお散歩の後には白湯を与えない」など変わったところもあります。育児書、育児雑誌、育児日記は、アプリやSNSに変化しました。私たちが日常生活のなかで、便利なものを使うようにママ・パパたちも新しいものを〝我が子のため〟に取り入れ、少しでも〝良い子育て〟ができるようにと必死です。私たちも新しいものを受け入れつつ、皆さまのご経験や知恵をぜひお嬢様に継承していってください。

また、お嬢様は〝生まれてきた赤ちゃんを自分のやり方で守りたい〟という意識が強くなるため、産後3か月くらいまでは、皆さまとぶつかる機会も多くなります。生まれてきた赤ちゃんは、お嬢様たちの子どもであることを忘れずに。私たちは一歩下がって、お嬢様のやりたいやり方をサポートして、お嬢様とパートナーの〝親力アップ〟を目指していきましょう。

なかにはご自身が仕事や介護などで、お嬢様たちが希望するサポート全てを受け入れられない場合もあるでしょう。でも、今は病院を退院した後に、ママと赤ちゃんがゆっくり過ごしながら子育てを学べる「産後ケア」や家事を手伝ってくれる「産前産後家事ヘルパー」などがあります。本書でも産前産後のサービスも紹介しておりますので、皆さまも頑張りすぎず、ご自身の生活、心とからだのバランスも大切にしてください。

孫育てのキーワードは、「手を出しすぎない」、「無理をしない」、「楽しむ」です。ぜひ、みなさまも楽しんでいただけたらと思います。最後に、陰ながら、お嬢様と赤ちゃんが無事に生まれてくることをお祈り申し上げます。

目次

はじめに……2

1章 「親の親」としての心構え

1 育児の主役はママとパパ……12
2 ママとパパの話を聞く……13
3 今と昔の子育ての違いを知っておく……14
4 良いところから見て言葉にする……15
5 他の家庭の親子とは比べない……16
6 心と体力にゆとりを……17
7 「ありがとう」「ごめんなさい」を忘れずに……18
8 孫を褒めて応援団になる……19
9 あくまでも人生の主役は自分……20
10 老いていく姿を見せる……21
コラム ママの本音　実母との関わり編……22
コラム ママの本音　相手方の親との関わり編……24

2章

妊娠判明から出産までに祖父母ができるサポート

11 妊娠の報告をされたら……32
12 後悔しない病院選び……34
13 出生前診断ってどんなもの？……36
14 妊娠初期～後期に起こる変化……40
15 多胎妊娠がわかったら……42
16 上の子がいるときは？……44
17 妊娠期間の食事について……46
18 妊娠が中断してしまったら……50
19 出産前にしておきたい準備……52
20 今どきの産休・育休事情……54
21 さまざまな出産方法……56
22 ケース別出産前後のトラブル……62
23 産後のママのからだ……64
24 退院後のママには休息を……66

25 相手方の親との付き合い方……68
26 マタニティブルーと産後うつ……70
27 孫育て＆家事サポートを利用する……72
コラム ママの本音　出産＆産後あるある……74
コラム 祖父母の本音　相手の親との温度差……76

3章 里帰り・祖父母がサポートに行く出産

28 里帰り出産になったら……82
29 ママと赤ちゃんが安心して過ごせる環境作り……84
30 共同生活のルールを作る……86
31 孫育てを仕事・介護と両立させるには……88
32 里帰り中の外出どうする？……90
33 里帰りせずサポートにも行けないとき……92
34 娘の夫との付き合い方……94
コラム ママの本音　里帰り出産あるある……96
コラム ママの本音　里帰りしなかったママ編……98

4章

育児のおさらいと現代の育児事情

35 まずはママ・パパに聞いてから……102
36 便利なベビーグッズで子育て常識の変化を知る……104
37 おむつ替えのお手伝い……106
38 沐浴と着替えのお手伝い……108
39 赤ちゃんこそスキンケアを……112
40 抱っこはスキンシップの基本……114
41 寝かしつけのお手伝い……118
42 赤ちゃんには規則正しい生活を……122
43 授乳はママと赤ちゃんに合った方法を……124
44 赤ちゃんの食事について……126
45 赤ちゃんに与えてはいけない食べ物は?……128
46 赤ちゃんの健やかな口内環境のために……130
47 スマホとテレビはどう見せる?……132
48 断乳ではなく卒乳が主流に……134

49 乗り物で移動するとき……136
50 思いがけない病気やケガ、どうする?……138
コラム 祖父母の本音　孫育てあるある……146
コラム ママの本音　子育てあるある……148

巻末資料

子どもが主役の行事と祖父母の役割……150
産前・産後に利用できるサービス……152
出産にかかるお金／もらえるお金……154
おわりに……156
参考文献……158

1章

「親の親」としての心構え

1

育児の主役はママとパパ

祖父母はサポーターとして応援

娘さん（ママ）の妊娠・お孫さん誕生のニュースは、抑えられない喜びがこみ上げてくることでしょう。それが初孫ならなおさらのことです。ですが、きっとあなたにも経験があるように、ママとパパにとってはうれしい気持ちだけでなく、初めての妊娠、子育てへの不安がつきまとうもの。心もからだもデリケートになりがちな娘さんの妊娠から出産の期間を親としてどう支えていくか、生まれた後はどう接していくべきかが、祖父母として問われるところ。大げさに喜ぶことでかえってプレッシャーを与えることも。いつもどおりの態度を心がけて接するのが望ましいです。赤ちゃんを育てる主役はママとパパ。二人の頑張りを温かく見守り、サポート役に徹しましょう。

2 ママとパパの話を聞く

良い関係作りでみんな幸せに

働く女性が増えるなかで、実家との距離感はとても大事。専業主婦も多い祖父母世代に比べ、親世代は共働きが主流になっています。そこで両者の考え方に違いが生じやすいのです。また親と娘では遠慮がなく、言いたい放題になりがち。まずはママとパパの話を聞き、現状を把握することから始めましょう。何に困っているのか、何が必要なのか、日常会話の延長として聞き取りをしてあげてくださ い。近距離なら祖父母をあてにしすぎない、こちらもでしゃばりすぎない、遠距離ならこまめに連絡をとって話を聞いてあげるなど、良好な関係を築きたいもの。祖父母、ママ・パパ、そして生まれてくるお孫さんの三世代が幸せになることを目標に。

3 今と昔の子育ての違いを知っておく

マニュアルを現代版にアップデート！

最近の育児の仕方はどう変化しているのでしょう。取り巻く環境やお世話など、代表的なものをピックアップしてみました。共通認識を持てば、世代間の壁がなくなります。

育児事情の変化

離乳食

子どもの成長・発達に応じて、親が開始時期を決めます。生後5～6か月くらいからスタートする家庭が多く、昔と比べるとゆっくりです。果汁は与えません。

アレルギー

現在では20人に一人が食物アレルギーを持っていると言われ、誤って口にすることでアナフィラキシーショックなど、命の危険も。ママ・パパが子どもに食べさせているもの以外は与えないようにしましょう。

出産後すぐの沐浴

しない傾向に。退院後は毎日行います。また沐浴後は、ベビーパウダーではなく、保湿ローションやクリームを塗ります。

抱っこ

赤ちゃんにとって抱っこは大切なスキンシップ。泣いたときにたっぷりと抱っこしてもらうことで、愛着形成や信頼関係を築くことができます。

うつぶせ寝

乳幼児突然死症候群予防のためにも、うつぶせ寝はさせません。

4 良いところから見て言葉にする

前を向かせてあげて

新米ママ・パパは自分の子育てが上手くいっているのか、ちゃんと育っているのか、不安を抱えながら日々奮闘しています。祖父母ができることは「赤ちゃんがよく笑うのは、日頃から話しかけてあげているからだね」「ママとパパの愛情を受けているから優しい子に育つね」などと、赤ちゃんとママ・パパの良いところを見つけて伝えてあげること。これによってママ・パパも、慣れない育児に自信を持って前向きになれるし、それを見ている赤ちゃんも元気に育ちます。

5

他の家庭の親子とは比べない

よそはよそ、うちはうち

祖父母の何気ない言葉から、ママ・パパとの関係がギクシャクしてしまうことがあります。なかでも避けたいのが、他の子と比べて大きい・小さい、発育が遅い、◯◯さんのお宅は働きながら子育てを頑張っているなど、他者との比較です。「お姉ちゃんの子どもは～」など、血縁関係者と比べるのも気をつけたいものです。一番の味方である親御さんを敵視してしまいかねません。ママ・パパが笑顔でいることが、お孫さんの成長・発達の一番の栄養です。お孫さんだけでなく、ママ・パパの理解者、つまり一番の応援団であってほしいのです。慌ただしい日々のなか、我が子の成長を見逃しがちなママ・パパに、小さな進歩を発見したらぜひ教えてあげましょう。きっと喜んでくれるはずです。

6 心と体力にゆとりを

手と口、お金は出しすぎない

お孫さんのかわいさについ手や口、お金を出しすぎてしまう人も多いよう。特にお金に関しては、お孫さんが何人になるかわかりません。兄弟（姉妹）間で格差があると、お孫さんはもちろんママ・パパの不満につながりがちです。ママとパパが望むのは平等です。自分たちの老後の準備もしながら、お孫さんとのお付き合いは「片目をつぶって、片手を後ろに」くらいがちょうど良いでしょう。

断る勇気を持つことも

親子三代が楽しく過ごすためには、祖父母が健康でいることが不可欠です。すべてを受け入れるのではなく、ときには断る勇気も必要。無理をしないスタンスで関わって。

7

「ありがとう」「ごめんなさい」を忘れずに

お手本になる

子どもは周囲の大人の言動を真似て育っていきます。お孫さんに「ありがとう」や「ごめんなさい」を素直に言えるよう育ってほしければ、こちらがお手本を見せることです。娘さんを含む家族内のやりとりでは、暗黙の了解で済ませていることも多いでしょうが、言わずに伝わることはありません。お孫さんは大人の振る舞いをよく観察しています。だからこそ、お手本でいられるようにしたいもの。あれこれ言うより、大人が子どもにしてほしい言動を見せることが近道なのです。本を読む子にしたいなら、絵本を読んであげるだけでなく、こちらが本を読む姿を見せましょう。また、こちらがお孫さんの言動を真似ることも有効です。変顔をしたら変顔を、発した言葉の語尾に「ね」をつけて同じ言葉を繰り返すなどの真似をすると、とても喜びます。

8 孫を褒めて応援団になる

自信をつけてのびのびと

日本の子どもは世界と比べて「自分に長所がある」と思っている割合が低い傾向にあります。調査した6か国中、1位はアメリカ、2位はドイツ、3位はイギリスでしたが、日本は最下位でした(平成30年度当時『我が国と諸外国の若者の意識に関する調査』)。これは近年話題になっている生きづらさの原因にも。そこで、お孫さんの頑張っているところ、長所や得意なものを見つけたら、小さいことでも言葉にして伝えてあげましょう。祖父母からもらった言葉で、自信を持って夢を追いかける基礎ができるのです。もちろん、優しい言葉が必要なのはお孫さんだけでなく、ママ・パパも同じです。スマホばかり見せているのが気になるなら、代わりに絵本を読んであげたり、散歩や外遊びに誘ってあげるのも。とがめるのではなく、補ってあげましょう。

9

あくまでも人生の主役は自分

自分のライフスタイルも大切に

お孫さんが生まれると、娘さんやお孫さんのために頑張りすぎてしまう人も多いようです。もちろんそうしてしまう気持ちもよくわかりますが、ご自分の子育てで子離れ、親離れがあったように、孫育てでも必ずその機会がやってきます。そのときのためにも、趣味やご夫婦、友人とのお付き合い、一人の時間を大切に。お孫さんの祖父母離れは意外と早く、小学校に上がるくらいにはやってきます。「ばぁばとじぃじの家に行くより友達と遊びたい」と言うようになったら、お孫さんが成長した証。寂しいと嘆くよりも、お孫さんの成長を喜べるよう、こちらも負けないくらいの充実した日々を過ごしていきましょう。

10

老いていく姿を見せる

ありのままを伝えて

今の世の中では、老いを隠して若く見せることに注目が高まっています。ですが、お孫さんには祖父母が老いていく姿を見せることも必要。大家族で暮らしていた時代は、子どもたちは日常生活のなかで

人が老いていく姿を見ていました。核家族化が進んだ現代は、子どもたちが老いに接する機会が減ってしまったのです。ありのままの命の営みを見せることは、お孫さんの成長にとって祖父母の非常に大切な役割の一つ。物忘れが増える、歩く速度が遅くなる、耳が遠くなる、介護が必要になる……など、自然な姿を隠さずに見せていきましょう。無理をしてまで若くふるまう必要はありません。

ママの本音

実母との関わり編

口止めしたのに妊娠の報告を……

初めての妊娠を両親に報告。安定期に入るまでは黙っていてほしいと頼んだのですが、気づけば親戚や近所の人などの知るところに。体調やメンタルが不安定な時期に、お祝いの言葉や早めの祝い品をいただき、その対応に気を使わなければならなく……。うれしい気持ちはわかるのですが、高齢出産でもあるのでもう少し考えて行動してほしいと思いました。

（K・Aさん／35歳）

副菜を送ってくれた

買い物へ行くのも大変だろうと毎週副菜を中心に食べ物を送ってくれました。食事にまで手が回らず、いつも主菜一品しか準備できていなかったので、手間のかかる副菜を何品も食べることができ、栄養面でも精神面でもかなり救われました。

（M・Mさん／31歳）

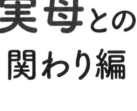

過干渉気味になってうんざり

もともと心配性だった母。私の妊娠をきっかけにますますエスカレート。外出すると言えば「どこ行くの?」「いつ帰ってくるの?」など細かく質問されてヘトヘトに。少し距離を置きたくなりました。

（H・Yさん／28歳）

実家に戻りたくないと思っていたけれど

物が多くてごちゃごちゃしている私の実家。妊娠を知った母から「里帰りしてもいいよ」と言ってもらえましたが、気が進まず返事を濁していました。でも久々に実家を見てびっくり！格段に物が減って、過ごしやすいよう工夫されていました。「赤ちゃんとママが安心して暮らせる家にしたよ」とのこと。両親の愛情と気づかいを心から感じました。

（M・Tさん／29歳）

ママの本音

相手方の親との関わり編

良い関係を築くきっかけに

妊娠がわかってからというもの、義両親の「うちの孫なんだから健康に気をつけてほしい」「孫の名前はこちらがつける」など、私や夫の気持ちを無視するような発言が目立ちました。最初は凹んだりイライラしたりしていましたが、あえて自分から連絡を入れるようにしたら関係が一転。今ではなんでも言える仲になったので、ときには発想の逆転も大事ですね。

（A・Kさん／28歳）

アポなしで訪ねてくる

初めての孫ということで、私よりも義母がハイテンションになってしまい、県境を跨いで一日置きにやってきます。体調が悪くて横になっていたい日も、そうできずにストレスがたまる一方。夫が言って聞かせてもスルーなので、つわりがひどくなりました！　それとは逆に、両親は程よい距離感で接してくれ愛情を感じました。

（R・Mさん／33歳）

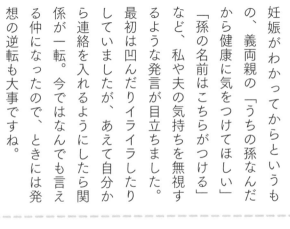

2章

妊娠判明から出産までに祖父母ができるサポート

変化した時代に合わせたサポートを

娘さんからのうれしい妊娠報告を受け、祖父母としてもさまざまな思いが巡ったのではないでしょうか。それと同時に、妊娠から出産までに、祖父母としてどんなサポートができるのか考え始めるでしょう。

この章では、多様化する出産方法や産休・育休制度など今知っておきたいことを中心に紹介しながら、ママになった娘さんとの関わり方についてまとめています。

この20~30年間で医療技術はより発展し、出産に関するさまざまな選択肢が増えました。娘さんがどんな妊娠生活、出産を望んでいても、優しく理解を示しながらサポートしてあげたいものです。また、妊婦さんを取り巻く環境も大きく変わっており、産休制度や支援金、産後に受けられる行政のサービスも充実してきています。

一方で、娘の不安定な時期を支えてあげたいという母親の気持ちのように、いつの時代も変わらない大切なものもあるでしょう。この章を通して、祖父母世代の妊娠・出産とどこが変わったのかなど現代の常識を知り、ママ・パパをあたたかく見守り、応援し、お孫さんが生まれるまでの時間を大切に過ごしてください。

時期別

妊娠から出産までのスケジュール

妊娠がわかり、娘さんはママとしての生活がスタート。
それは祖父母にとってはかわいいお孫さんの誕生を待ちわびる
特別な10か月の始まりでもあります。
妊娠判明から出産予定日まで、
どんな変化があるのかを祖父母としても知っておきたいもの。
つわりをはじめとする月齢ごとのママのからだの状態や、
サポートできそうなことをまとめました。
時期に合わせて、
娘さんが今どんな状態なのか知るために
活用してみてください。

妊娠初期（2〜4か月）

ママの変化

下腹が張る、腰が重く感じる。軽い吐き気をもよおし、匂いに敏感になるなどつわりが始まる。胎盤ができはじめ、ママと赤ちゃんの間で栄養素や酸素などのやりとりが始まる。

祖父母のサポート

つわりで辛いときに、食べられそうなものを届ける。買い物を代行する。健診への付き添い。困っていることや心配事がある場合は、電話でじっくり話を聞く。

月数	2か月				3か月				4か月			
週数	4	5	6	7	8	9	10	11	12	13	14	15

イベント

- 妊娠に気づいたら産婦人科を受診
- 母子手帳をもらう
- つわりのピーク
- 出産・子育て応援交付金を申請
- 分娩する病院へ分娩予約をする
- 肌のトラブルが起こりやすくなる

妊娠中期（5〜7か月）

ママの変化

つわりが落ち着いて食欲が戻ってくる。お腹が目立ってきて、腰痛や足がつりやすくなる。7か月頃にはほとんどのママが胎動を感じ、前屈みの姿勢がとりづらくなる。

祖父母のサポート

ママの体調が安定し一緒に出かけられるようになるので、ベビーグッズを揃えたり、外食を楽しんで。里帰り出産なら、ママと赤ちゃんが生活する準備をしておきます。

月数	5か月				6か月				7か月			
週数	16	17	18	19	20	21	22	23	24	25	26	27

イベント

- 戌の日に安産祈願・帯祝い
- 里帰り出産をする場合、産院への紹介状をもらう
- 両親・母親学級が始まる
- 赤ちゃんの名前を考え始める
- ママと赤ちゃんが日中と夜に過ごす場所を作る（P84）
- ベビーグッズの準備（P105）

妊娠後期（8～10か月）

ママの変化

むくみや貧血、お腹の張りを感じることが多くなる。子宮が大きくなり、胃が圧迫され、食欲が落ちることもある。お産が近づくとおりものが増え、少量の出血（おしるし）も。

祖父母のサポート

娘さんが里帰りしてきたら、産後の環境作りを娘さんと一緒にしましょう（P84）。共同生活のルールを決めておくのも大事です（P86）。入退院グッズの最終チェックをします（P53）。

10か月				9か月				8か月			
39	38	37	36	35	34	33	32	31	30	29	28

入退院グッズの準備（P53）

内祝いの下調べ

里帰り出産するなら帰省

産後の手続きについて家族で相談

出産

11

妊娠の報告をされたら

心配や注意ではなく喜びを伝えて

妊娠の報告は突然やってきます。判明してすぐのときもあれば、心音確認後のときも。なかには安定期に入ってからというケースもあります。もちろん、結婚前という場合も考えられるでしょう。どんな時期であっても、親としてまずは「おめでとう！」と喜びの言葉で受け止めてあげたいものです。娘さんを心配するあまり、病院やこれからのことなど、あれこれと口出ししたい気持ちはぐっと我慢。娘さんにとって、とてもデリケートな時期なのは間違いありません。ここで対応を間違ってしまうと、今後の妊娠生活や親子の関係性にまで影響する場合も。うれしい報告をしてくれたことへの感謝、大切に思っている気持ちを素直に伝え、愛情あふれる言葉で祝ってあげましょう。

娘への声かけ

お母さんも○○だった～

喜びも不安も
受け止めるからね

ポイント

妊娠がわかって幸せと不安、両方の気持ちを抱えています。娘さんを出産したときのことなど、思い出話から経験談を話してあげても。

ママの気持ちを尊重して

周囲への妊娠報告は本人と相談して、いつ、誰に伝えるかを決めましょう。相手方のご両親には、娘さんや息子さんから直接伝えてもらうのが良いでしょう。うれしさのあまり独断で突っ走ってしまうのは娘さんにとってプレッシャーや不安につながってしまいかねません。時期としては安定期に入ってからが妥当だと言えます。親が伝える相手としては、ご自身の家族、親戚がメインになります。本人から報告したい相手がいる場合は、それを尊重してあげましょう。

12

後悔しない病院選び

ママがどんなお産をしたいかが鍵

妊娠が判明したら出産する場所を選び始めます。まだ時間があると思っているうちに、人気の産院などは満員になってしまう恐れが。初産の場合は、食事や施設設備などで選びがちですが、大切なのはママがどんなお産をしたいかです。立ち会い出産、計画出産、無痛（和痛）分娩など、希望の分娩方法に対応している施設を探すのが良いでしょう。令和6年4月から、厚生労働省が産院の費用や分娩方法などを比較検討できるホームページを開設予定です。口コミだけでなく、右記サイトや病院の実績（帝王切開率、鉗子《かんし》分娩率、吸引分娩率など）などを確認すると良いでしょう。里帰り出産の場合は健診に通っている病院にその旨を伝え、転院先の病院への紹介状と今までの健診経過を伝える書類をもらいます。

お産ができる場所とポイント

産院選びのポイント

出産スタイル…立会い、無痛（和痛）、フリースタイルなどママがどんな出産方法を希望しているのか。その方法に対応可能かどうか。

医師との相性…出産において医師やスタッフ、助産師さんとの意思疎通は大事です。小さなことでも相談しやすい施設を。

助産師さん…助産師外来や母乳外来があると、妊娠中の些細な心身のトラブルや授乳（母乳、混合、完全ミルクなど）などについて、相談しやすいでしょう。助産師さんがいない場合は健診時に相談を。

赤ちゃんとの距離…産後のママと赤ちゃんの過ごし方もチェックを。完全同室、日中のみ同室、別室と施設によってさまざまです。

入院部屋のタイプ…プライバシーが保てる個室、ママ同士の交流ができる大部屋など。個室は周りを気にしなくていい、大部屋は料金が抑えられるなどそれぞれにメリット・デメリットがあります。

お産ができる場所

総合病院…産科以外にも各診療科があるため、ママの持病や赤ちゃんにトラブルがあった場合でも安心。近年の少子化で産科を閉鎖している病院も多いので事前に確認を。

大学病院・周産期センター…医療技術が高く設備やスタッフも充実しているため、緊急時の対応に優れています。新生児特定集中治療室があることも大きなメリット。大学病院では研修生が立ち会うケースも。

産科専門病院…医師の人数やベッド数は通常の病院より少ないものの、入院室の設備や食事が充実しています。トラブル発生時は提携病院への転院や搬送になります。

助産院…産婦人科医なしで正常分娩を扱うことができる、助産師のもと出産する施設。助産師さんの細やかな指導のもと、アットホームな雰囲気で出産できます。導尿・浣腸・会陰切開などの医療処置を行いません。妊娠中に提携病院で健診を受けリスクが見つかった場合や、お産の途中でママや赤ちゃんにトラブルが発生した場合は転院や搬送になります。

13

出生前診断ってどんなもの？

妊娠中に赤ちゃんの状態がわかる

晩婚化が進む日本では35歳以上での出産は全体の三割にも及びます（2019年厚生労働省調査）。高齢出産の場合、ダウン症候群などの染色体異常の可能性が高まります。このため出生前診断に興味を持つママ・パパが増えています。最近では、20代～30代前半でもNIPT（新型出生前診断）を受ける人が増加。ですが、保険適用外なので全額自己負担となります。クリニックによって費用も異なり、約15～21万円が相場とされています。

ママが選んだことを尊重してあげる

妊娠中に赤ちゃんの染色体異常について調べることで、安心感を得たり、出産後の準備につながります。ママの希望やパートナーとの話し合いで決めたことなら、反対はしない方向で。ただし相談された場合は、予想外の結果でも受け入れる覚悟があるのか、検査によってはリスクがあること、また異常が見つからなくてもその他の障がいを持って生まれてくる可能性もあるという点を理解しているか確認しておきましょう。

出生前診断の種類

確定検査

羊水検査…妊娠15週頃から検査可能。母体から羊水を注射針で採取。羊水に浮遊する胎児の細胞から、染色体分析を行います。

絨毛《じゅうもう》検査…妊娠11～14週から検査可能。胎盤組織の一部を注射針で採取。胎盤の組織の一部なので、赤ちゃんと同じDNAになります。

非確定的検査

NIPT（新型出生前診断）…妊娠初期（11週頃）から検査可能。母体の血液に含まれる胎児のDNAの断片から診断。

本当は染色体には異常がないのに「陽性」と判定されてしまうことがあります（偽陽性）。陽性反応が出た場合、確定診断が必要です。

出生前診断のメリットとデメリット

・メリット

出産前に赤ちゃんの状態を知って安心でき、出産後の育児について心構えができます。また、先天的異常を早期発見できれば治療や育児について早い段階で準備することができます。

・デメリット

早期に知ることで、かえって対応策を迫られ、心身が不安定になってしまう恐れがあります。検査ではわからない障がいや病気もあるので、絶対に安心とも限りません。また、羊水・絨毛《じゅうもう》検査は、わずかながら流産のリスクがあります。

娘への声かけ

あなたたちが決めたことを応援するからね

ポイント

どのような結果が出ても応援するスタンスで。不安や心配は、娘さんたちの方が大きいことを忘れずに。

NIPT（出生前診断）でわかること

・ダウン症候群（21トリソミー）

21番染色体が1本多く、3本になることが原因の染色体疾患。妊婦の高齢化で確率が上がると言われています。先天性の心臓、消化管の疾患を抱えていることが多いのも特徴。事前に知ることで、産婦人科や新生児科と連携して早期治療や経過観察をすることができます。

・13トリソミー

13番染色体が1本多く、3本になることが原因。こちらも妊婦の高齢化で確率が上がります。先天性の心臓疾患や脳の構造異常など複数の合併症を抱えているケースも。他の染色体疾患に比べ、寿命は短いと考えられています。

・18トリソミー

18番染色体が1本多く、3本になることが原因。こちらも妊婦の高齢化で確率が上がります。先天性の心臓・消化管の疾患、口唇口蓋裂など、複数の症状を抱えている場合も。自立での歩行や会話は難しいです。

わからない病気や障がい

・発達障害
・自閉症
・視覚・聴覚障害
・染色体異常以外の先天性疾患（心疾患など）
・環境因子による障がい（母体の喫煙、飲酒、服薬、化学物質などの外的要因によるものなど）

14 妊娠初期〜後期に起こる変化

妊娠初期（2〜4か月）

妊娠〜15週を指します。体調の変化はもちろん、メンタルも不安定な時期なので、話を聞いてあげながら必要であれば買い物代行などの手助けを。つわりがあるときは、食べられるもの優先でＯＫ。

妊娠中期（5〜7か月）

妊娠16〜27週を指します。体調も安定して妊婦生活にも慣れてくる頃。基本的にベビーグッズの準備はママ・パパが行いますが、相談があれば一緒に買い物に出かけ、出産後の準備を進めましょう。

妊娠後期（8〜10か月）

妊娠28〜39週を指します。いつ分娩が始まるかわからないので、こちらもいつでも連絡が取れるように備えておきましょう。こちらが焦るとママも不安になるので、ゆったりと構えて。

時期別 ママと赤ちゃんの変化

妊娠初期

ママの心と体の変化

妊娠初期は、ホルモンの急激な変化によって吐き気などのつわり症状や倦怠感、乳房が張る、眠気などの変化が表れます。これまでどおりの生活が送りづらくなり、情緒不安定気味に。仕事のある人は、職場への報告は安定期に入ってからという人も多いので辛い時期。

この時期の赤ちゃんの成長

心臓、胃、腸などの内臓や目、鼻、耳、口が形成される頃。母体を介して薬剤、飲酒、喫煙、放射線などの影響を受けやすいので注意。流産にも気をつけたい時期。

妊娠中期

ママの心と体の変化

胎盤とへその緒が完成し、妊娠の継続に必要なホルモンも胎盤から分泌されるように。これによって、つわりもだいぶ落ち着きます。7か月頃にはお腹も膨らんできて妊婦さんらしい見た目に。

この時期の赤ちゃんの成長

指や爪、髪の毛、目も形成されてどんどん人らしく成長していきます。この頃から胎内でも活発に動くようになります。身長は35～37cm、体重は1～1.2kgほどになります。

妊娠後期

ママの心と体の変化

お腹がますます大きくなって仰向けで寝たり、起き上がることが辛くなります。妊娠高血圧症候群、貧血、早産なども起こりやすい時期。定期的な妊婦健診を欠かさずに。

この時期の赤ちゃんの成長

体もどんどん大きく、顔立ちもふっくらと育っていきます。手足の動きも忙しくなります。いつ生まれてもいいよう、準備を始めています。

15

多胎妊娠がわかったら

妊娠中のトラブルや早産のリスクを回避

多胎児の割合は、母親の高齢化や不妊治療によって排卵誘発剤を使うことで増えています。双子や三つ子など、複数の赤ちゃんがお腹にいるので、母体への負担も大きくなります。早産、妊娠糖尿病、妊娠高血圧症候群、胎児の発育不全、形態異常、子宮内胎児死亡、血栓症などのリスクが高くなり、早産の予防は特に大事になります。

予定帝王切開に備えて

自然分娩をするには、赤ちゃんの胎位や母体の状態など、複数の条件をクリアしなければならないので、ほとんどの場合は予定帝王切開（58ページ参照）になります。37週ぐらいを目安に予定しますが、赤ちゃんの発育状態や切迫早産で早まることも。

すべてが倍に……育児負担を減らす支援を

代わる代わるの授乳や泣き続ける赤ちゃんへの対応、沐浴、おむつ替えも人数分になるので、ママ・パパは常に睡眠不足に。多胎児の育児には、パパはもちろん、祖父母のサポートが必要となるでしょう。祖父母が子守りなどを引き受けて、ママ・パパをリフレッシュさせてあげましょう。

育児支援サービスを利用しても

多胎の家族向け行政サービスや支援団体があります。行政の「産前産後ヘルパー」「産後ケア」などは、多胎家族の利用回数や日数が優遇されるサポートもあります。多胎児向けの両親教室や交流会を開いている医療機関、および支援機関もあるので、地域や行政に問い合わせを。

16 上の子がいるときは？

二人目以降の妊娠・出産こそサポートが必要

第二子が誕生することで、それまでの生活が大きく変化します。それが上の子にもストレスになり、さらにはママを取られた寂しさや不安を感じることも。そこで祖父母がサポートすることで、上の子も自立でき、ママも安心できるメリットがあります。すでに学校や保育園、幼稚園に通っているなら、ママの家へ出向く方法が望ましいでしょう。陣痛が来たとき、入院中&産後のサポートなど、最善の方法は何かママ・パパに早めに相談しておきましょう。

第二子への愛情を持つよう心のケアを

ママを独占する赤ちゃんに対する嫉妬心が生まれやすく、赤ちゃん返りをすることも。この場合身の回りのお世話だけでなく、「ママは○○ちゃんのことも同じように愛しているよ」「ママと△△したいね～」「寂しいね」など、ママや上の子の気持ちを代弁してあげ、我慢ができたときにはほめてあげましょう。弟や妹に対する愛情はやがて育っていくものなので、あまり心配しなくて大丈夫です。上のお子さんがお世話をしたがったときには、安全に注意して手伝ってもらいましょう。一緒に生活していくなかで、自然と年長子としての自立心も育っていきます。

パパを中心にチーム作りを

下の子が生まれたばかりで体力の落ちたママが赤ちゃんのお世話にかかりきりになり、上の子が不満を募らせがち。パパの産休・育休等を利用しながら、なるべくチームで協力する体制作りを。祖父母宅で預かりっきりという状況ではなく、みんなで協力し合うのが理想。ただしパパが家事に不慣れだったり、仕事が忙しい場合、祖父母の出番が増えるでしょう。

お世話するときの注意点

- 好きなもの（おもちゃ、遊び、絵本、TV、食事、お菓子など）を把握する
- 体調が悪くなったときの対処法を共有する
- 健康保険証やかかりつけ医の診察券を預かる
- 毎日のタイムスケジュール（起床、就寝、食事、お風呂など）を確認する

17 妊娠期間の食事について

生ものを避けがなら バランス良い食事を

妊娠が判明したその日から気をつけたいのが食事や嗜好品。さまざまな食材をバランス良く食べることが基本ですが、なかには気をつけるべきものも。ママが食べるものは、母体の健康維持と赤ちゃんの育成に影響します。からだを冷やすものは控えるなど、妊娠前と意識を変えなくてはいけない部分もあり、注意が必要です。他にも、栄養を補うためにサプリメントに頼ることも考えられますが、かえって栄養の過剰摂取になるかもしれないので、しっかりと「妊婦用」かどうか確認しましょう。また、妊娠中は何かと制約が多くなるので、これらの助言はママのストレスにならない程度にとどめて。「この栄養素を摂ったほうがいい」としつこくすすめるのはNG。本人も気を使っているはずなので、基本的には本人に任せて見守ってあげましょう。

娘への声かけ

何か食べられそうなものはある？

食べたいときに食べたいものを食べれば良いよ

ポイント

つわりのある期間には、どうしても受け付けない食べものが出てきます。できれば本人が食べたがっているものを用意してあげましょう。

積極的に摂りたい栄養素・成分

カルシウム

赤ちゃんの骨や歯をつくる。
乳製品、小松菜、納豆、鯖（鯖缶でも◯）など。

ビタミンD

カルシウムの吸収を促して赤ちゃんの骨の形成を助ける。
鮭、鯖（鯖缶でも◯）、バター、チーズ、きのこ類など。

食物繊維

食生活の偏りから便秘になりがち。
きのこ類、海藻類、バナナ、サツマイモ、ごぼうなど。
水分摂取も心がけたい。

たんぱく質

主に赤ちゃんの筋肉や臓器、血液をつくる。
肉、魚、大豆、卵、牛乳・乳製品など。

葉酸

赤ちゃんの細胞分裂を正常に導いて、神経管閉鎖障害のリスクを減らす。妊娠前から摂るのも有効。
緑黄色野菜（特にブロッコリー）、大豆、海藻類、サプリでも可。

鉄分

妊娠中は血液量が増えるのに赤血球が少ないため貧血状態に。
大豆、ほうれん草、小松菜、サツマイモなど。

気をつけたい成分やもの

ヨウ素

赤ちゃんの甲状腺に蓄積され、機能低下症を引き起こす恐れが。ヨードを含むうがい薬の継続使用は避けましょう。

海藻（適量なら◯）。

水銀

赤ちゃんの脳の発達に影響を及ぼす可能性が。

マグロ、金目鯛、メカジキなど。

薬・サプリメント

妊娠前から服薬しているものがあれば、医師に確認してからが望ましいです。

サプリメントも同様で、医師に成分の確認を。

非加熱の加工品・生もの

妊娠中は、免疫力が落ちていてウイルスや細菌に感染しやすくなります。

生肉、刺身、牡蠣などの二枚貝、生卵、生ハム、スモークサーモン、ナチュラルチーズなど。

塩分

摂りすぎると血圧が上昇し、むくみや妊娠高血圧症候群の元に。1日6.5g未満にとどめて。

ビタミンA

過剰に摂取すると赤ちゃんに悪影響を及ぼす可能性が。

うなぎ、レバーなど。

カフェイン

カフェインはカルシウムを排出させてしまうため、赤ちゃんの発育不全や早産を起こす可能性が。デカフェやノンカフェイン飲料がおすすめ。

コーヒーは1日1杯、紅茶は2杯程度にとどめましょう。

喫煙・飲酒

妊娠が判明した時点ですぐにストップしましょう。

特に喫煙は胎盤の機能不全や子宮内発育遅延のリスクが急上昇。

副流煙の影響があるので、パパや祖父母が喫煙者の場合も同様です。なるべく禁煙してもらうか、隔離されたスペースで喫煙を。

アルコールの摂取も胎児アルコール症候群や中枢神経障害を引き起こす可能性があります。

つわり（妊娠2か月頃）の症状Q&A

Q 食べ物の好みが変わったらどうする?

A つわりが治まる時期までは食べたいものを優先して大丈夫です。

Q 匂いに敏感になってしまったら?

A 好きな匂いにスイッチしましょう。ご飯などの食べ物を受け付けない場合は、冷まして匂いを軽減するのも。

Q 食欲がなくなってしまったら?

A 無理をしてまで食べなくても大丈夫。ただし水分補給は欠かさずにしましょう。

Q 何も食べずにいて胃がムカムカしてしまうときは?

A 体重増加に注意しながら食べやすいものをすすめてあげて。

Q 酸っぱいものが欲しいと言っているときは?

A ママが苦手ではなければさっぱりと酸味のあるトマトをおすすめします。

Q 寝起きに吐き気がするときはどうする?

A 空腹が原因なので、すぐに食べられるものを用意してあげましょう。

18

妊娠が中断してしまったら

娘さんのケアを第一優先に

突然お孫さんを亡くされ、さぞやお辛いことと思います。娘さんの悲しみを思うと、親としてはいてもたってもいられないお気持ちでしょう。妊娠が判明したその日からずっとママとして準備をしてきた娘さん。まずはその気持ちに静かに寄り添ってあげてください。

避けたい言動

娘さんを慰めるためにかけた言葉が、傷つけてしまうことも。くれぐれも娘さんが自分を責めてしまわないよう気をつけたいです。感情が不安定なときに、無理して励まそうとするのは逆効果。黙って話を聞くか、娘さんの発した言葉に同調してあげるのも良いでしょう。また気分転換に外へ連れ出すのも、赤ちゃんを見かけて辛い気持ちになることがあるので、あまりおすすめはできません。落ち込んだり、悲しんでいる姿を見せることは感情を素直に出せている証拠。立ち直るための第一歩を踏み出しているので、静かに見守ってあげましょう。

赤ちゃんを失うこと

・流産

妊娠2週〜22週未満で妊娠が終わってしまうことを指します。妊娠12週未満の流産を早期流産（初期流産）、妊娠12週以上22週未満を後期流産と言います。超早期までを含めれば、全妊娠の15〜20%の確率で流産は発生すると言われています。

・死産

医学的には、22週以後における分娩において、子宮内あるいは分娩中に赤ちゃんが亡くなり、亡くなった赤ちゃんを出産することを指します。12週以降に胎児が亡くなった場合には7日以内に死産届を出し、火葬をすることが義務付けられています。

また、12〜22週未満において、母胎内で赤ちゃんが生存しているものの、赤ちゃんの重篤な疾患や母体側の要因で、人工的処置を加えたことにより死産に至った場合を人工死産と呼びます。

・こんなサインに注意して

・痛みを伴う出血が続く、量が多い鮮血やかたまりが出てくる
・下腹部が張る、痛む
・基礎体温が下がった
・つわりが急に楽になった
・胸の張りがなくなった

※これ以外でも気になる症状があればすぐに病院へ。

19 出産前にしておきたい準備

入退院に必要なものはママ・パパ主導で

妊娠7～8か月頃、ママの体調が安定している時期に準備を始めましょう。入退院時に必要なものは、病院からリストが渡されますので、自己判断で購入しないように。相談された場合はご自身のご経験から話してあげましょう。産休に入ってから出産準備をする人もいますが、切迫早産などで入院になることもあるので早めに準備しておくことをおすすめします。万が一緊急入院になった場合は、パパと相談して病院の先生に必要なものを聞き、必要なものを準備をしましょう。

マイカーより陣痛タクシー

自宅と出産予定の病院を事前に登録しておくことで、陣痛などで病院に行くときは道案内不要に。24時間対応で、防水シートを敷いて来てくれるから万が一破水しても心配ありません。

退院時に必要なもの

- □ おむつ
- □ 赤ちゃんの肌着
- □ おくるみ（バスタオルでも）
- □ ガーゼのハンカチ
- □ チャイルドシート（タクシーの場合は不要）
- □ 退院時の服（ママ用）

あると便利なもの

- □ ヘアゴムORターバン
- □ 簡単なメイク用品
- □ 汗拭きシート
- □ レッグウォーマー
- □ 耳栓
- □ アイマスク
- □ リップ
- □ ペットボトルにつけるストロー
- □ 延長コード

入院時に必要なもの

- □ 診察券
- □ 母子健康手帳
- □ 健康保険証
- □ 出産手当金等の申請書類
- □ マタニティパジャマ（前開きのもの）
- □ カーディガン
- □ 授乳用ブラジャー
- □ 洗面道具やスキンケア用品
- □ シャンプー、トリートメント

病院側が用意していたり、レンタルできる場合もあるので、必ず事前に確認を。

20

今どきの産休・育休事情

働くママの希望を尊重

母体を心配する気持ちもわかりますが、ママの希望を優先してあげましょう。仕事が運動不足や不安感の解消にもつながる人もいます。産休は出産予定日の6週間前（双子以上の場合は14週間前）から請求すれば取得可。心身ともに大きな負担のないよう、時短勤務や在宅勤務の制度があれば検討をすすめても。

パパの育休

専業主婦が多かった昔とは違い、産後の母体保護と共同育児の観点から、パパこそ育休を取ってほしいという流れにシフトしています。法律上では産後8週間内に4週間分（分割取得も可）父親だけに認められた産後パパ育休（出生児育児休業）があります。ママのサポートだけでなく、この期間は父親としての自覚、子どもへの愛着形成、新たなパートナーシップの形成など、得られるものがたくさんあります。夫婦で取得すれば、パパ・ママ育休プラスと言って1歳2か月まで休める制度もあります。

妊娠から職場復帰までの一般的な流れ

妊娠2か月（4週〜7週）
- 産婦人科受診
- 住民票を届け出ている自治体で母子健康手帳（親子手帳などの名称の場合も）を受け取る
- 今後の働き方の検討

▼

妊娠3か月（8週〜11週）
- 上司、人事に妊娠報告する（職場に報告するタイミングは本人が決める）
- スケジュールを上司に相談

▼

妊娠6か月（20週〜23週）
- 産休、復帰予定など、仕事と妊娠、出産、育児の計画を立てる
- 業務の整理をし、引き継ぎなどの準備を始める
- 担当部署に制度や書類の確認をする（育児休業給付金、社会保険料免除など）
- 社内や取引先へ妊娠報告をする
- 面談を行う

▼

妊娠8か月〜産休（28週〜）
- 業務の最終引き継ぎ
- 休業中の連絡方法などを決める
- 産休前の挨拶をする
- 産休に入る

▼

復職前面談

職場復帰
- 復職時期・働き方の相談
- 保育園の送迎や急な呼び出しなどの対応を家族と職場に相談

21 さまざまな出産方法

病院により出産のスタイルは違う

以前に比べ分娩方法も種類が増えています。基本は娘さんが決めることですが、どのような分娩方法があるかを確認しておきましょう。経膣分娩と帝王切開にもさらに種類があり、産院によっては扱っていない方法もあるため、ママに希望の出産方法がある場合は事前の確認が必要です。

エクササイズや呼吸法で痛みを緩和

妊娠中のエクササイズは、緊張↔リラックスを覚えて、出産時をスムーズに導きます。股関節を柔らかくし、母乳の分泌を良くするものを無理せずに行って。

実母に立ち会ってもらいたい

出産経験もあり自分を育ててくれた母親にこそ、出産時にそばにいてほしいという娘さんもいますが、夫婦二人の子どもなのでパパの意向も確認

経腟分娩

自然分娩

陣痛からお産という自然の流れでの経腟分娩。陣痛が弱ければ陣痛促進剤を使い、赤ちゃんやママの状態によっては途中から麻酔や吸引を行うことも。

自宅分娩

産院に行かず、自宅で家族に見守られながら出産する方法。妊娠経過に問題がなく、妊婦健診を産院で受けていること、助産師の介助などが必要になります。

誘発分娩・促進分娩

出産予定日を1週間以上経過していたり、胎盤機能が低下した場合、陣痛促進剤やバルーンなどを使って分娩を誘発する方法。赤ちゃんやママの負担を少なくするため医師の判断によって行われます。

吸引分娩・鉗子《かんし》分娩

陣痛が弱くなったり赤ちゃんの心音が低下したりするなど、何らかの事情でスムーズに自然分娩ができなくなった場合、器具を使って赤ちゃんを牽引する方法。

計画分娩

あらかじめ分娩する日を決め、その日に陣痛促進剤を使って出産を促す方法です。

フリースタイル分娩（アクティブバース）

ママが楽だと感じる姿勢や場所で出産する方法。分娩台で仰向けになるのではなく、四つん這いや椅子に座った姿勢で行います。温水プールでの水中出産もこのうちの一つです。

無痛・和痛分娩

陣痛や出産時の痛みを麻酔で和らげてお産をする分娩方法。陣痛が起きてから麻酔を使う場合と、陣痛が来る前（38週頃～）に計画的に陣痛促進剤を使い陣痛を起こす「計画無痛（和痛）分娩」があります。お産への恐怖を少なくし、体力の消耗を抑えるメリットもありますが、第1子の計画無痛分娩は帝王切開、鉗子《かんし》、吸引分娩になる可能性が高めになるなどのデメリットも。また、24時間麻酔科医がいない病院の場合は、時間帯により無痛（和痛）分娩ができないこともあります。

を。無条件で受け入れてくれる産院もありますが、勉強会への参加など条件を設けているところも。立ち会うことに決まったら、産院の指示に従い、娘さんを励ましながらサポートしましょう。

帝王切開分娩

子宮筋腫、子宮の手術歴がある場合や逆子、多胎自然分娩では母体と赤ちゃんに危険が伴う可能性があるときなどに、ママのお腹を切開して赤ちゃんを取り出します。帝王切開には計画的に行う「予定帝王切開」と、分娩の途中で切り替わる「緊急帝王切開」があります。入院期間は経膣分娩よりも長くなることがほとんどです。術後の傷の痛みは個人差がありますが、傷口が肌着や洋服に当たるだけでも痛かったり、起き上がる、前屈みになるなど腹筋を使う動作、ひねる、伸びる動きなども辛い人が多いです。抱っこや授乳も痛みを堪えながらになるので、経膣分娩以上に産後のサポートが必要です。

・一般的な予定帝王切開の流れ

・前日入院

▼

・術前に腰椎麻酔、尿道カテーテル挿入

・静脈血栓予防用の圧迫ストッキング着用

・予定時刻に手術

▼

・翌日から歩行・食事が可能に赤ちゃんとの面会（手術後にも触れます）

▼

・約8日後に退院

帝王切開分娩

予定帝王切開

予定日の２週間くらい前にあらかじめ出産予定日を決めます。事前説明があり、前日から入院します。局所麻酔になることが多いです。

緊急帝王切開

一刻も早く赤ちゃんを出すことが必要になったときに行われます。予定帝王切開と違い、全身麻酔になることもあります。

術後のママが気をつけたいこと

・歩行

ベッドにずっと横たわっていると、下肢の血流が悪くなり血栓ができてしまう場合が。翌日から看護師さん付き添いのもと、起き上がり歩いてトイレに行くことなどから始めます。

・食事

翌日から腸が動き始めるので、まずは白湯を飲むことから。その後おかゆなど段階を踏んで通常の食事に戻していきます。

・授乳・その他のお世話

助産師さんに助けてもらいながら、翌日に初乳をあげます。ママの体調を見ながら無理のないペースで始めて。

・入浴

雑菌が入らないよう傷口に防水テープを貼り、術後３〜４日後からシャワーを。ゆっくりとお湯に浸かるのは１か月健診を終えてからに。

帝王切開に関する疑問

祖父母としても知っておきたい、帝王切開で産んだママと赤ちゃんの生活。いつでも手を差し伸べられるように心構えをしておきましょう。

Q 赤ちゃんへの麻酔の影響は？

A 局所麻酔では赤ちゃんへの影響はほとんどありません。全身麻酔ではママの血液中に含まれる麻酔薬の一部が胎盤を通して赤ちゃんにも届きます。産まれてすぐは眠そうだったり、呼吸が微弱な場合があります。

Q 自然分娩と費用はどのくらい差がある？

A 帝王切開の手術は保険適応なので、保険適応外である経膣分娩よりも自己負担が少なくなります。ただし、分娩介助料が加算され入院も長びくため、一概には言えません。出産する病院で確認を。

Q 腹部の切開方法は？

A 予定帝王切開など緊急性のない場合は、恥骨上部を横に切る場合が多いようです。一方、緊急性が高い場合は縦に切ります。どちらも子宮自体は横に切るのが一般的です。

Q 傷はどのくらいで治る？

A 個人差はありますが3か月程度で赤みが引きます。市販されている傷を保護するテープを貼ると治りが良いことも。1年程度で傷跡はだいぶ目立たなくなります。体質によってはケロイドが残る場合も。

Q 帝王切開の方が出産は楽？

A 予定帝王切開では陣痛が来る前にお産になるので陣痛の痛みはありませんが、開腹による傷や痛み、後陣痛があります。術後のからだの負担は経膣分娩より大きく、「ちゃんと産んであげられなかった」と自分を責める方も。緊急帝王切開も含め帝王切開のお産の場合は、特に心とからだのケアが必要です。決して「あなたが○○したから帝王切開になった」「帝王切開だから楽でいいわね」「帝王切開だからこの子は我慢ができないのよ」など根拠のない発言はしないように。

Q 次の出産も帝王切開になる？

A 前の出産が帝王切開の場合は、次もその場合がほとんどですが、経膣分娩を検討してくれる病院もあります。

22

ケース別出産前後のトラブル

もしママが……

・高齢初産だったとき

35歳以上の出産では、妊娠高血圧症候群、妊娠糖尿病、子宮筋腫による子宮の疾病、難産などのリスクがあります。

また高齢出産は帝王切開になるケースが多いため、出産が順調に済んでも、血圧の管理をしながら、体力の回復に努めましょう。

・持病があるとき

病気を抱えながらの出産は、ママの病状を悪化させないことが大事です。持病の主治医と産婦人科医の連携で、治療と妊娠の両立を図ります。病気によっては赤ちゃんが何らかのトラブルを抱える可能性があるので、新生児集中治療室（NICU）などの設備の整った病院で出産することが望ましいでしょう。

もし赤ちゃんが……

・低体重だったら

かつては未熟児と呼ばれていた時代もありましたが、今は小さく生まれた赤ちゃんは総じて「低出生体重児」という呼称に。早産で生まれると低出生体重児になる確率が上がりますが、その背景には不妊治療や多胎妊娠の増加も。昔なら死産となるケースも医療の進歩で救えるようになった点が大きいでしょう。一般的に免疫力が弱いため、感染症や合併症を起こしやすく新生児集中治療室（NICU）でしっかり健康管理します（NICUがない病院での出産は、赤ちゃんのみ転院する場合も）。授乳・離乳食・予防接種などは医療機関と連携をとって進めます。

・障がいが見つかったら

妊娠中に赤ちゃんに障がいが見つかった場合は、周産期センターや子ども病院などで精密検査を行い、出産後赤ちゃんにとって最適な体制を病院スタッフと一緒に整えていきます。退院後どんなサポートを得ることができるか、病院の地域連携室やソーシャルワーカー、地域の該当窓口に相談して確認しておきます。祖父母は冷静にママ・パパの選択した方法をサポートしてあげましょう。

23

産後のママのからだ

産後は無理をさせないで

出産を終えたからだは、体力の消耗はもちろんホルモンの急激な変化も起こります。特に産後3週間は出血（悪露《おろ》）もある時期なので、赤ちゃんのお世話以外は、家族が率先して行いましょう。昔から床上げ3週間と言い、寝床を敷きっぱなしにして授乳後はそこで休ませます。まとまった睡眠よりも赤ちゃんと一緒にうとうとすることで、体力が維持されます。1か月健診で産後の回復が順調であれば、育児にプラスして家事にも徐々に復帰を。

できる範囲でお手伝いを

産後のからだで慣れない育児にママは一苦労。里帰り出産をしている場合や、娘さんの元へ通える状況なら、お互いの負担にならない程度で、家事のサポートを。最優先事項はママの食事です。特に一人で食事をしている場合は、栄養管理が疎かになっていることが多いです。産後のからだの回復には、食品から摂取するエネルギーが重要です。それ以外のことは、何をしてほしいのか希望を聞いて手伝います。また、赤ちゃんのお世話に関して「早くおむつを替えなさい」「おっぱいはあげたの?」など、新米ママのストレスやプレッシャーになる言動には注意が必要です。

産後のママはこんな状態

子宮

胎盤が剥がれた後は、子宮の内側は大きな傷を負った状態に。子宮が妊娠前の状態に戻るのは6～8週程度かかります。

乳房・乳首

初産の場合は乳房が張ってきます。乳腺炎になったり、乳頭が切れることも。痛みや違和感、発熱がある場合は、我慢せずに出産した病院か助産師外来などの受診を。

会陰切開の傷

痛みが3日程度続きます。清潔に保ち、違和感が長く続くようなら医師に相談を。

産褥熱《さんじょくねつ》

出産時にできた傷から細菌が入って感染し、38～39度の高熱が出ることがあります。帝王切開や前期破水、早期破水によって発症率が高くなります。発熱と痛みがある場合は受診を。

24

退院後のママには休息を

退院日になったら

退院の日にはママと赤ちゃんを誰かが迎えにいくことになりますが、その際一人は家に残り、空調などの環境を整えておく必要があります。迎えに行くことになったら必要なもの（53ページ参照）を持ち、できれば娘さんと連絡を取って他に欲しいものがないかを聞いておきましょう。経膣分娩の場合は4～5日、帝王切開分娩の場合は7日程度で退院します。その日までには必ず家にママと赤ちゃんが寝られる場所を用意しておきましょう。出産後、ママの脳には心拍数や血圧を上げるアドレナリンというホルモンが分泌されて一種の興奮状態にあるため、眠気や痛みを感じにくいことがありますが、実際にはからだのあちこちがボロボロになっています。帰ってきたら「おかえり、よく頑張ったね」と伝えて、ゆっくり休ませてあげましょう。

すき間時間を上手く使って

出産後すぐにおむつ替えや授乳・抱っこなど休む間もなく、夜間もお世話に追われるママ。1日にまとまった睡眠時間を確保しようとせず、短時間でも横になるよう促しましょう。授乳や抱っこ中に分泌されるオキシトシンは幸せホルモンと呼ばれ、短時間でも良質な睡眠を促す効果があります。たとえ15～20分と細切れでもママが休めるお手伝いを。ママが寝ているときに赤ちゃんがぐずりだしたら、そっと抱き上げあやすなどして睡眠時間の確保を。

特にサポートが必要なのは生後3か月まで

産後の寝不足のピークは、授乳回数が多く赤ちゃんの睡眠サイクルも定まらない生後3か月頃まで。育児に不慣れななか、ママの心身も回復途中なので疲労やストレスがたまりやすいのです。出産直後はホルモンバランスや自律神経が乱れがちなので、睡眠不足から産後うつにならないよう注意。朝起きて朝食を摂り、すき間時間に仮眠を促します。1か月健診が済んだら、午前中に赤ちゃんと散歩をするのもおすすめ。初めての外出は緊張するものなので、同行してあげましょう。生後4か月くらいになると、ママ・パパも赤ちゃんとの生活に慣れてきます。とはいえ、まだ夜泣きなどがあるため、子育てや家事のサポートをしてあげましょう。

25

相手方の親との付き合い方

情報の足並みをそろえて

妊娠が判明したら先方へは娘さん本人からなるべく早く報告し、できるだけタイムラグがないようにします。娘さんから先方に報告を入れたら、すぐに電話をかけるなどしてご挨拶し、喜びを伝えて共有しましょう。普段では連絡を取り合うことがない、少ないという方でも、この機会には一度連絡をした方が良いでしょう。連絡先がわからないときは、娘さんから夫（パパ）に、そしてご両親に繋げてもらいます。早期に両家で喜びと情報を共有することで、スムーズに祖父母としての役割が分担できます。もし先方から先に連絡をもらった場合は、「○○さん（パパの名前）のおかげで楽しみが増えました」など、ひと言添えると関係が良好になります。

成長を通じて良好な関係を

お孫さんの誕生によって、これまでの両家の付き合いに多少なりとも変化が生じるものです。先方の家庭の事情などにより、お孫さんとの関わり方に温度差もあるでしょう。まずはお祝い行事などを通して、お孫さんの成長をともに喜び合える関係性を目指していきましょう。赤ちゃんが1歳を迎えるまでの1年間は、健やかな成長を願ってさまざまなお祝い行事があります（150ページ参照）。ママ・パパの意見を尊重して、どんな風に行うのかを決めていくのが良いでしょう。行事を通じて親としてのマナーを教える良い機会でもあります。先方の家庭に失礼がないよう、みんなでお孫さんの成長を喜び合いたいものです。

26 マタニティブルーと産後うつ

長引くようなら医療機関へ

産後はホルモンバランスが急激に変化するうえ、慣れない育児で不安が高まります。その結果、赤ちゃんへの愛情は十分にあるのに涙が出てくる、ちょっとしたことでイライラするといったことが起こります。これをマタニティブルーと呼び、産後10日〜1か月ほどで治ることがほとんど。ですがこの状態が改善されずに笑顔が少なくなり、食欲不振や不眠などの症状があるようなら、産後うつかもしれません。産後うつは誰にでも起こりうることで、10人に一人くらいの割合で発症します。娘さんの様子で気になることがあったら、出産した病院や地域の保健センター（母子手帳をもらったところ）に相談を。

見逃さないで産後うつのサイン

食欲がない、笑顔がない、眠れない。この3つのいずれかが2週間以上続いているようなら危険信号。産後うつは、早期に対処すれば投薬なしに改善することも。産後うつの要因は人それぞれ。また、最近はママだけでなく、パパの産後・育児うつも増えています。早めの相談と受診を。

この時期にできること

・認めてあげる

話を聞いてあげる、できていることを認める、とにかく否定ではなく肯定を。心配事があれば安心させてあげることが大事です。産後うつの原因の一つに、赤ちゃんの発育状況に関する不安があります。赤ちゃんの体重や母乳・ミルクの量などは、祖父母の「大丈夫」では娘さんが安心できないので産婦人科や助産師に相談を。

・休ませてあげる

産後は育児中心の生活になってしまうため、15分間でもママ・パパの時間を作ってあげましょう。ストレス解消できると気分が楽になります。

・足りないところをサポート

授乳（母乳、ミルク）はママ。ゲップをさせる、オムツ替え、沐浴、家事はパパ。祖父母はその他の足りないところをサポートというスタンスがベスト。

娘への声かけ

この時期はしんどいね～

今何を手伝ってほしい？

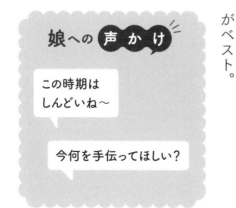

27

孫育て＆家事サポートを利用する

市区町村の産前産後サービスを確認

ここ数年で充実してきている「産後ケア事業」。宿泊、デイ（日帰り）、助産師の自宅訪問などがあります。ママ・パパの住んでいる自治体の「産後ケア事業」「産前産後ヘルパー事業」「育児ヘルパー事業」（詳しくは152ページ）などを確認しておきましょう。利用条件や金額、回数などは自治体によって異なるので、公式ホームページで確認するか、窓口で利用できる産前産後のサービスの説明を受けましょう。これらを利用するには申込みが必須なので、早めに対応するのがおすすめです。

〝家事サポ〟でみんな楽ちん

退院後〜半年くらいまでは、慣れない育児で生活リズムが変動したママにとって、家事の負担は大きいもの。里帰りできない、祖父母がサポートに行けない、パパが家事に不慣れまたは仕事でどうしても対応できない場合などは、市町村の産前産後ヘルパーや育児ヘルパーなどのサービス（市町村によってはないところも）、民間の業務代行サービスを利用しても良いでしょう。ママ・パパに代わって掃除や洗濯、調理、買い物に加え、調乳やおむつ替えの補助など、サービス内容も多岐にわたっています。こちらで調べて提案したり、要望があればプレゼントしても喜ばれるでしょう。

"ファミサポ"に登録してみる

美容室へ行きたいときなど、理由を問わず子どもを預かってくれるファミリー・サポート・センター事業があります。子育ての援助を受けたい「依頼会員」と、援助を行いたい「提供会員」が地域で相互援助を行い、全国の市区町村から委託を受けた法人が運営しています。それぞれサービスが異なるため、利用する前に確認を。一時預かりのほか、保育園のお迎え&その後の預かり、保育園や小学校から習い事への送迎などにも利用できます。利用可能年齢は自治体により異なりますが、生後58日から小学校6年生くらいまでが一般的。ひと昔前の近隣で子育てをしていたイメージに近いシステムで、孫育てが一段落した「提供会員」も多く登録しています。

ママの本音

出産＆産後 あるある

絶妙な距離感で母が支えてくれた

切迫流産で入院が決まり、血圧も高い日々が続いていました。どんどん気持ちが弱っていくなか、病院へ通ってくれた母の存在が大きかったです。ただ「大丈夫よ」とそばについていてくれたのがうれしかったし、安心できました。出産後もあれこれ手を貸さず、適度なスタンスで見守ってくれたおかげで、自分がママになったんだという自覚が芽生えてきました。

（T・Kさん／32歳）

産後のサポートに感謝！

産後は自宅で育児をしていましたが、1日置きに実母が家事を手伝いに来てくれました。慣れない生活で、赤ちゃんと二人きりになると不安が押し寄せ涙が出てきたので、今思えば軽い産後うつだったのかなと。数時間一人で外出させてくれたおかげで、自分の時間が持ててメンタルが安定しました。黙って愚痴を聞いてくれたのも、とても感謝しています。

（A・Kさん／33歳）

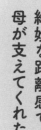

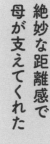

里帰り出産でストレスが……

第一子の出産で新米ママの私はわからないことだらけ。里帰り出産でリラックスできると思いきや、産後のホルモンバランスからか、両親に何を言われてもイライラしてしまいました。今思うと申し訳ない気持ちでいっぱいなのですが、お互いに初めての経験で神経質になりすぎていたようです。（S・Aさん／29歳）

自分を否定されているようで

高齢初産で時間がかかったため、母には心配をかけたと思うのですが「私のときは早かったわ」「妹はスムーズだったのにね」などと比べられ、やりきれない気持ちに。この言葉ですっかり自信を失ってしまい、産後はあまり関わりたくなくなってしまいました。（O・Kさん／37歳）

失敗を繰り返すのがあたりまえ

育児を始めて最初の頃は「どうしてこんなに泣いているんだろう」「一生懸命やっているのに」とネガティブになりがちでした。でも初めてのことなんだから失敗してあたりまえだという考えに変わってから、とても気が楽に。落ち込むことも減ってマタニティブルーを回避できました。（M・Mさん／40歳）

祖父母の本音

相手の親との温度差

風習・価値観の違いに驚く

こちらは関東、あちらは関西に住んでいるため、お祝いごとのやり方がかなり違います。孫は関東で暮らしているため、こちらのしきたりに従ってくれればいいと思うのですが、関西式を主張してきます。そのやりとりが面倒くさく、ひっそり身内で済ませてしまいたかったと思うほどでした。（Y・Rさん／65歳）

経済格差に悩んでいます

先方のご家庭が裕福で、出産祝いから始まり、初節句、誕生日ごとに豪華なプレゼントと多額のお祝い金が届きます。こちらはごく普通のサラリーマン家庭なので、釣り合うような返礼ができません。パパにも伝えたのですが、「孫をかわいく思っているだけ」と改めてくれる様子もなく、肩身が狭いです。（T・F／60歳）

3章

里帰り・祖父母がサポートに行く出産

近くで支えてあげるために

出産を控えている、あるいは出産直後の娘さんを近くでサポートしてあげられるのが里帰り出産です。

この章では、里帰り出産や祖父母がサポートに行く出産にあたって、久しぶりにする共同生活での注意点や、出産後にやるべきことをまとめています。

この時期はお孫さんのお世話をはじめ、産後のママのサポートなど、祖父母としての出番が増えてきます。娘さん

にとって料理や洗濯などの家事を家族に任せて、体力の回復に集中できるというのはもちろんですが、不安や心配も大きい時期に「出産・育児の先輩」が近くにいてくれるというのは、精神的にもとても大きな支えになります。

とはいえ、久しぶりの共同生活ではすれちがいが起きてしまうことも少なくありません。一度親元を離れて暮らしていた娘さんは、自分の生活スタイルを持っているはずです。それを尊重せずにお互いのルールを押し付けてしまうことで衝突が起きてしまいます。

これらは事前にきちんと話し合っておくことで解消できるものもあるので、この章は大切な親子の時間をより良くするために役立ててほしいです。

里帰り出産のスケジュール

里帰りのタイミングは産前に帰るか産後に帰るかで大きく2つに分かれます。産前に里帰りをすることで、いつ生まれてもいいように近くで支えてあげられるようになる一方で、「自宅近くの病院で出産して、退院直後に里帰りした」という方も多いです。また、自宅に戻るのは「1か月健診を終えてから」という方が最も多い結果となりました。お互いさまざまなケースがあるので、里帰りやサポートに行くことをする・しない、いつからいつまでというのは事前に娘さんと話し合ってしっかりと決めておきましょう。

妊娠中のスケジュール

月数	週数	イベント
8か月	28	
	29	
	30	
	31	産休の引継ぎ準備
9か月	32	
	33	産休開始、入院グッズの準備
	34	
	35	
10か月	36	
	37	入退院の段取りを打ち合わせ
	38	
	39	出産

里帰りを終えて自宅に戻ったのは？

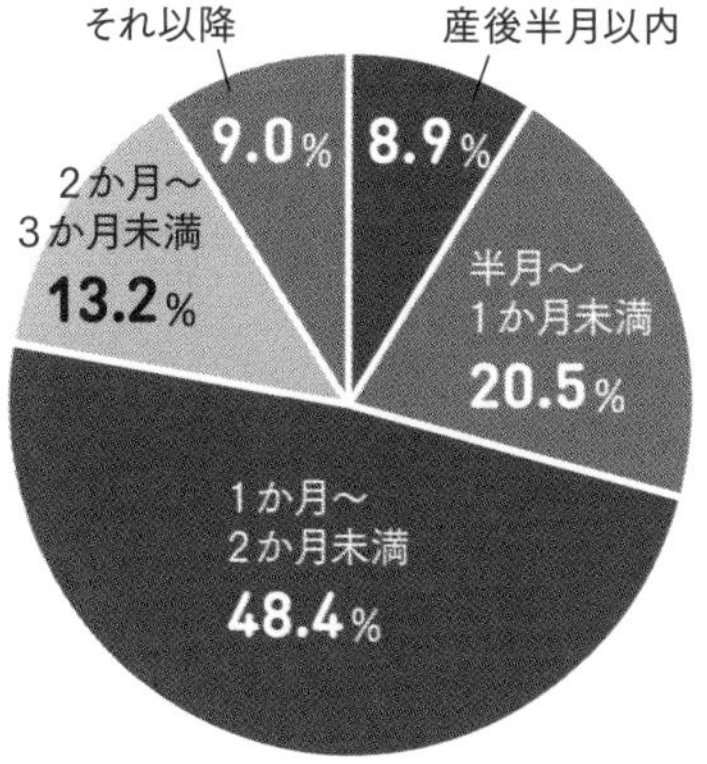

里帰りを始めたのはいつから？

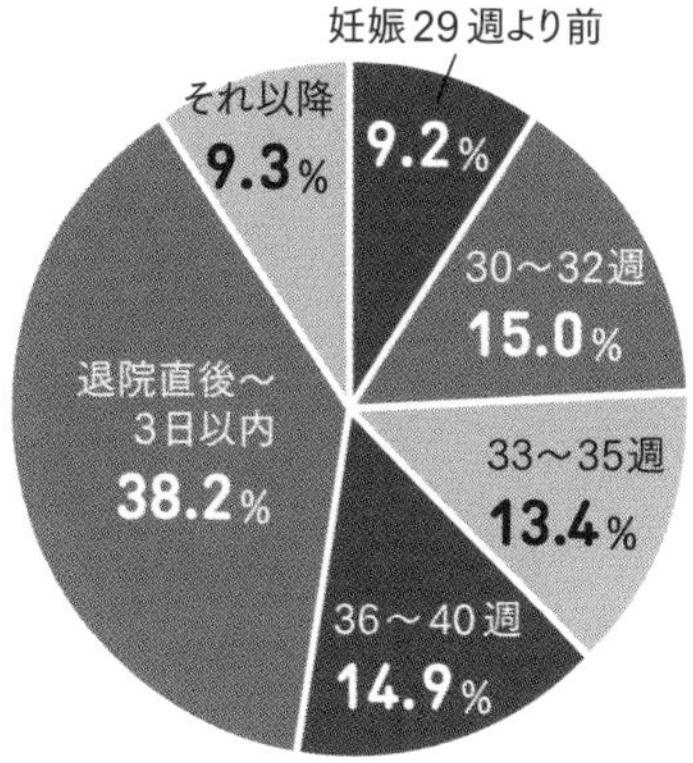

※ゼクシィ調べ「里帰りの期間」(2022年9月実施)

出産後のスケジュール

月数	3か月				2か月				1か月			
週数	12	11	10	9	8	7	6	5	4	3	2	1
イベント					予防接種開始				1か月健診・お宮参り		出生届提出	退院・お七夜

28 里帰り出産になったら

産後の家事サポートがメイン

出産を迎える娘さんを身体的にも精神的にも支える「里帰り出産」。特に母親の先輩である実母の存在は、頼もしく大きいものです。妊娠中は経過が順調ならば、一緒に買い物や家事を。この期間に料理のレシピを教えるのも良いでしょう。産後は授乳（ミルクも含む）以外の赤ちゃんのお世話は祖父母が行い、ママのからだを休ませます。夜間も授乳はありますが、きちんと起床して朝食を一緒に摂り、その後昼寝をするように誘導して。生活リズムを整えることで、産後うつ予防にもなります。産後3週間くらいで悪露《おろ》が順調に減っているようであれば、少しずつ家事に復帰してもらいましょう。また親子とはいえ、何年も離れて暮らしていると食べ物の好みや生活リズム、考え方などが以前とは変わっていることもあります。してほしいこと・してほしくないことを聞き、できること・できないことを伝えることが一番のポイント。食事の時間やメニューの内容、生活習慣の違いをお互いに尊重し合います。親を頼る気持ち、子どもを助けたい気持ち、せっかくそれが合致しているのに、些細なことで溝ができないよう、しっかりとルールを決めましょう。

祖父母がサポートに行く出産という方法もあります

パパが中心となって、ママと赤ちゃんのサポートをしたい、遠距離や実家の近くに良い産院がないなどが理由で、里帰りしない場合は、実母が出向いて出産前後をサポートします。必須なことではないので、ママ・パパがどうしたいかの確認を。行くことになったら最初に滞在期間を決め、お互いに「いつ帰るんだろう」、「いつ帰れるんだろう」というもやもやをなくすことが大切です。滞在期間は、ママの体調、パパの育休や不在時間にもよりますが、出産後~1か月健診くらいまでで。パパが休みの日は帰るなどして、夫婦二人の時間や祖父母が休む日を作ることをおすすめします。また、家事はパパと役割分担を決めましょう。これはママに関してもですが、特にパパの育児・家事にあまり口出しをしないようにしましょう。父親として成長する機会を奪わず、共に協力して乗り越えることがとても大切です。

29

ママと赤ちゃんが安心して過ごせる環境作り

母子に優しい部屋作りを

妊娠中〜産後のママと赤ちゃんがリラックスして過ごせるよう、娘さんに相談しながら部屋の準備をしておきましょう。妊娠中にキッチン、洗面台、浴室などの水回りと、ママと赤ちゃんが利用する場所の掃除・整理整頓をしておきます。また、退院した後に使う部屋やベビーグッズを置く場所を決めておくのも良いでしょう。いざというときのために近所の小児科の診療時間、夜間救急の受け入れ先、こども医療でんわ相談（#8000）などもチェックしておくと安心です。

スペース別の整え方

・寝場所

昼寝はリビングに敷いた布団で、夜間は寝室でと、昼夜で場所を分けたいです。ママが添い寝してくれると赤ちゃんも落ち着きます。ベビーベッドをレンタルする場合は、大人が寝るベッドの高さと合わせると便利です。リビングのソファーで日中休んでいるというママもいますが、座っている時間が長くなりがちなので、布団やベッドがおすすめ。帝王切開だった場合はなるべくベッドを用意してあげましょう。また、赤ちゃんとママが過ごす場所は、洗面所やトイレ、キッチンなどの水回りが近い方が楽。赤ちゃんを抱いて階段の上り下りは危険ですし、帝王切開後のママは傷が痛むこともあります。

・沐浴

沐浴の場所を決めてから、沐浴グッズをそろえましょう。場所は浴室、洗面室、キッチンなど、お湯の出し入れが簡単な場所がおすすめです。また、赤ちゃんの着替えや入浴後の保湿などをする場所もイメージして、グッズの置き場所を決めましょう。

・授乳（ミルク）

赤ちゃんにミルクをあげる場合、キッチンなどにお湯、ほ乳瓶、消毒グッズ、ミルクなどの置き場所の確保が必要になります。

・洗面室

赤ちゃんのおむつや衣類など、大人と分ける必要があるものの洗濯場所や汚れ物の置き場所を確認しておきます。布おむつを使う場合は、つけ置き用のバケツなども必要になります。

30 共同生活のルールを作る

お互いのストレスを減らす

里帰り出産はあくまでも期間限定のものです。いずれは娘さんも自宅へ帰り、夫婦で子育てをしていきます。親元を離れて暮らしていた娘さんとの久々の共同生活。生活のルールを決めておくことで、お互いのストレスを軽減できます。まず、産後いつまで実家で過ごす予定なのかを決めておきます。退院後3週間ほどは祖父母が家事全般を行うのがよいでしょう。起床、朝食、昼食、入浴、夕食、就寝などの生活時間は、こちらのリズムでOKです。出産後のママは空腹になるので、お菓子ではなくおにぎりなど片手で簡単に食べられてエネルギーになる間食を用意します。赤ちゃんの沐浴の時間、夜間の授乳サポートなどは話し合って決めましょう。また、お金の話をしておくことも大切です。電気代・水道代・食費が跳ね上がるため、お金を渡すように言うのか、渡さないように言うのか、あるいは娘さんの方から渡してきたら受け取るのか、「育児に使いなさい」と伝えて断るのかは事前に決めておくのがよいでしょう。仕事がある祖父母も多いので、その場合は特にこちらの生活サイクルを崩さないようにします。里帰りから自宅に戻る時期のおすすめは1か月健診が終わった頃。産後3週間くらいで悪露《おろ》が治まるので、その頃に娘さんの体調が良ければ、家事に復帰させて自宅へ戻る準備をしましょう。

相手方の両親への対応は？

里帰り出産で忘れがちなのが先方の親への配慮です。なるべく娘さんから赤ちゃんの様子を報告し、もし顔が見たいと申し出があったら受け入れ、共にお孫さんの誕生を喜び合いましょう。お心遣い（お金）を渡されたら、まずは感謝しつつお断りを。「娘の世話をしたまでですのでお気づかいなく」「うちの孫でもあるので」など、角が立たないよう言葉を添えて。それでも先方が引かない場合は、とりあえず受け取って、後々の育児費用としてママ・パパへ渡しても良いでしょう。

娘への声かけ

久々に一緒に暮らせてうれしいよ

いつ頃までこっちに居たい？

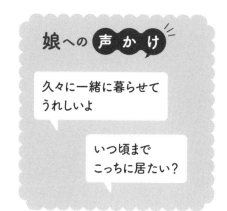

31
孫育てを仕事・介護と両立させるには

自分の生活を犠牲にしすぎない

人生100年時代の今、祖父母になっても仕事を持っている方が多いでしょう。50～60代では、さらに親やパートナーの介護をしているケースも。つまり、仕事、介護、孫育てが一気にのしかかってくる世代でもあるのです。介護で疲れ果てていても、子どもの頼みがあっては断れず、ついつい頑張りすぎてしまうのではないでしょうか。まず大切なのは無理をしないこと。生活リズムの乱れは体調を崩す原因になります。仕事や介護などで、ママを十分にサポートできない場合は、ママが住んでいる行政の「産前産後家事ヘルパー」（育児・家事支援）や「産後ケア」（病院や助産院で育児を学びながらママが休息をとれ、日中利用と宿泊ができるものや、助産師が訪問してくれるものがある）などのサービスの利用を検討してみては。これらのサポートは、ママの住民票がある自治体でのみ受けられます（詳しくは152ページ）。祖父母とママが別の市町村に住んでいる場合は、開業助産師（「地域名　助産師」でインターネット検索）や民間の家事ヘルパーなどを検討するのも。介護がある方は、サポートを一時期増やすなど、まずは担当のケアマネージャーに相談してみましょう。最近、親のことが心配という方も、娘さんの出産前にお住まいの地域の介護保険課もしくは地域包括支援センターで利用できる介護サービスにはどのようなものがあるのか尋ねてみましょう。介護サービス利用開始には時間がかかることもあるので一度確認しておくことをおすすめします。孫育ても介護も、頑張りすぎないために上手にサービスを利用してみましょう。

孫育休暇制度を利用しても

孫育休暇制度とは、お孫さんの誕生時や看病、お世話が必要な場合に、祖父母の社員が取得できる休暇制度です。共働きが多い親だけでなく祖父母も育児に関わって、幅広い世代で支え合えるようにする狙いがあります。このような制度に取り組む民間企業や自治体は全国で年々増えてきています。もともと祖父母から子育て支援を受ける親は少なくありません。孫休暇はこうした背景を反映した制度なのです。

32 里帰り中の外出どうする？

食事の準備など

里帰り中の娘さんが家で一人になったり、産後の場合は赤ちゃんと二人きりになってしまったりするときは、食事の準備をし、連絡がすぐにつくようにしておきましょう。数時間程度の外出なら、おにぎりなど手軽に食べられるものを用意するか、お弁当や宅配サービスを利用しても。特に産後の食事は、心身の回復に大きく影響します。野菜たっぷりの汁物やたんぱく質、鉄分などが摂れるメニューの作り置きを日頃から心がけてあげると良いでしょう。卵や納豆、サラダチキンなども簡単に食べられるので常備してあると安心です。出産予定日が近い場合には、陣痛バッグ（中身は53ページ参照）の中身と置き場所を家族間で確認しておきましょう。すぐに持ち出せる玄関付近に準備している人が多いようです。

スマホを活用して

お住まいの地域の「陣痛タクシー」を登録しておきましょう。研修を受けた運転手が、破水に備え防水シートを敷いて迎えに来てくれます。病院も事前に登録しておくので道順などの説明も必要ありません。陣痛タクシーがない場合は、タクシー会社の確認や「タクシー配車アプリ」を入れておくと安心です。

また、帰宅途中に娘さんの欲しいものを聞き、確認画像なども送れる「コミュニケーションアプリ」も活用したいです。さらに、病院の所在地も地図アプリなどできちんと把握しておき、もしものときはすぐに駆け付けられるようにしておきましょう。「里帰り中はつきっきりにならないといけない」と考えがちですが、適切な準備さえ整えておけば安心して外出できます。

33

里帰りせず
サポートにも行けないとき

こちらの事情でお世話ができないときは

仕事や介護などの事情で、娘さんの出産を全面的にサポートできない場合は、無理をする必要はありません。こちらにも生活のペースがありますので、娘さんも理解してくれるでしょう。赤ちゃんと二人きりでいると、どうしたらよいのか判断に迷うことが多々あります。こちらが気になることを聞くのではなく、相手の話を聞いてあげましょう。そしてママとしての頑張りを認め、応援する気持ちを伝えましょう。

電話やビデオチャットなどで話を聞く

里帰りも祖父母がサポートに行く出産もできない場合は、電話やビデオチャットなどで娘さんの不安や困りごとなどを聞いてあげ、差し入れや必需品を送ってあげるのも良い

ているはずです。この場合でも、なるべくサポートしたい気持ちを伝え、時間が空いたら手伝いに出向くなどしてあげましょう。経済的に余裕があるなら、産後ケア施設、ヘルパーや食事の宅配など、外部サービスの費用をプレゼントしても良いでしょう。

相手方の実家に里帰りする場合

パパの実家で里帰り出産をするケースもあります。この場合は、先方の両親の厚意に甘え、「娘と赤ちゃんをよろしくお願いします」という旨のお礼の電話や、手紙を添えた地産品などを贈ると良いでしょう。娘さんの意思で決めたことなら、気持ち良く送り出してあげて。

娘への声かけ

困っていることはない？

悪露《おろ》はどう？

ポイント

直接的なサポートはできなくとも、出産や育児の先輩として親身になって話を聞いてあげるだけでもママは安心します。まずは喜びや不安を聞いてあげて。

34

娘の夫《パパ》との付き合い方

距離感で接したらいいか悩んでいる方も多いのでは。パパとはこれからも長いお付き合いになるので、関わりが増えてきたところで適切なコミュニケーションを取っておきたいものです。

どう接したらいいの？

里帰り中に娘さんの夫（パパ）が訪ねて来たり、パパも一緒に里帰りしたりするケースでも、赤ちゃんの誕生以降パパとの関わりは増えていきます。すでに関係性ができている場合はともかく、どんな

ケース別の接し方

・祖父母がサポートに行く出産の場合

娘夫婦に、何をしてほしいのかを聞く。このときママだけでなく、パパの考えも尊重して。自宅に泊まるのか通いなのかも、ママと祖父母の意見

だけで決定しないこと。娘さん夫婦の時間も大切なので、通いの場合はある程度滞在時間を決めておくと良いでしょう。物のありかなど普段の生活については、パパに聞くことでパパ自身の家事スキルが上がるきっかけに。

・里帰りの場合

夫婦一緒に里帰りをするのか、パパが通うのかにもよりますが、パパが赤ちゃんと過ごすときは、基本お世話はパパに任せます。また赤ちゃんとママの様子をパパに伝えるとき、ママにとってのマイナス面をむやみに話さないよう気をつけましょう。後で伝わって関係性が悪化する原因に。夫婦で里帰りする場合は、お金のことや家事分担などについて早い段階で話し合っておきます。ママ・パパ、赤ちゃんが増えることで、水道光熱費が跳ね上がります。水道代はもちろん、特に夏・冬生まれは電気代の負担が大きくなります。

・里帰り・祖父母がサポートに行く出産

パパがいるときはなるべくパパが赤ちゃんのお世話をするように促し、祖父母は一歩下がって見守ります。口出ししすぎてしまうと、パパの育児の練習を妨げ、父親としての自覚や父性の芽生えを邪魔することにもなります。

ママの本音

里帰り出産あるある

産後のサポートに感謝

赤ちゃんのお世話を両親が手伝ってくれたおかげで、産後の回復が早かったと思います。子育て経験のある母が側にいてくれたので、ちょっとでも不安・疑問に思ったことを相談できたのも心強かったです。頼れる実家がある人は、ぜひ里帰り出産をおすすめしたいです。その場合、週末などで週に1回はパパに通ってもらうと良いと思いました。

（O・Nさん／35歳）

同級生ママと情報交換

妊娠出産を機に高校卒業以来初めてゆっくり里帰りできたので、地元の同級生に会うことができました。出産後は実家に赤ちゃんを見に来てくれ、そこで育児の情報交換ができてとっても有意義な時間が過ごせました。おかげで自宅に帰ってからも、育児を頑張ることができました。

（K・Iさん／30歳）

働く両親への気づかいが……

両親とも現役で仕事をしていたため、一人で過ごす時間が多かったです。そのせいかずっとネットを見ながら間食をして体重が増えてしまいました。自分のせいでもあるのですが、もう少し規則正しい生活が送れていたらと思います。赤ちゃんの夜泣きで両親を起こしてしまうのではないかと気を使いました。

（Y・Dさん／26歳）

生活リズムが合わない

しばらく離れて暮らしていたせいか、高齢になった両親との生活スタイルが大きく違ってストレスに。住み慣れた自宅で、自分のペースで過ごした方が良かったかなと思いました。仕事が忙しい夫にあまり会えなかったのも寂しかった。でも産前産後の手厚いサポートには本当に感謝しています。

（K・Kさん／34歳）

家族だから甘えられる

産後すぐに始まる授乳や慣れない育児で寝不足に。とても家事などできる状況でありませんでしたが、母が栄養のある食事を作ってくれました。沐浴やおむつ交換など、授乳以外のお世話も手伝ってくれ、とても助かりました。自宅に帰ってから、しみじみと親のありがたみを噛みしめています。（N・Kさん／28歳）

ママの本音

里帰りしなかったママ編

夫と協力して育児ができた

妊娠中も産後も夫と過ごし、一から子育てを一緒にできました。育児の大変さがわかるので、沐浴なども進んで手伝ってくれ、日に日にパパらしく。里帰りしていたらこうはならなかっただろうなと思います。夫婦の絆も前より一層強くなったんじゃないかな。

（C・Tさん／27歳）

居心地の良い自宅が一番

お気に入りのものや使い慣れたものに囲まれ、全部自分のペースでできるからストレスフリーで過ごせました。里帰り出産も考えたのですが、現実的ではないかなと思い、出産後に母にこちらへ来てもらいました。その際も泊まりではなく、夫が帰る時間までいてもらうスタイルで。料理や洗濯をしてもらいとても助かりました。

（H・Oさん／25歳）

4章

育児のおさらいと現代の育児事情

ママと赤ちゃんの成長を見守る

いよいよお孫さんが誕生して、三世代にとって忙しくも楽しい日々がスタートします。

この章では、ねんね期を経て、お座りやハイハイ、つかまり立ちなど目覚ましいお孫さんの成長を見守りながら、かけがえのない時間を共に過ごすための基礎知識をまとめています。

特に新生児期〜1歳までのおむつ替えや沐浴、抱っこ、ミ

ルクなど、ママ・パパに代わってできる育児のお手伝いがたくさんあります。ときには長時間預かることもあるでしょう。お孫さんの成長に合わせて気をつけたいことも変わっていくので、その都度この章に戻ってきて参考にしてみてください。

一度育児を経験した身とはいえ、現代の育児について改めておさらいしておくと関わり合いがスムーズになります。ここ20〜30年で変化したこと、いつまでも変わらない大切なことの両方を押さえながら、三世代で幸せになることを目標にお孫さんと接してあげてください。親として、そして子育ての先輩として赤ちゃんとママの成長を優しく見守ってあげましょう。

35 まずはママ・パパに聞いてから

どんな子育てをしたいのか

祖父母の役割は、ママ・パパの考えている子育てが上手くいくようにサポートすることです。それを実現するには、どんなヘルプを望んでいるのか聞いておくことが大事。親子だから言わなくてもわかるはず、と両者ともに思い込んでいることが多いので、こちらから積極的に聞いてみましょう。ニーズに合ったサポートは感謝されますが、そうでなければ迷惑になることもあるのです。

コーチではなく良き理解者&サポーターに

初めての育児を頑張っている娘の良き理解者、サポーターとして関わりましょう。経験者としての助言も大切ですが、ご自身の初めての子育てを思い出し、娘さんの不安、戸惑いを否定することなく、寄り添ってあげましょう。

娘さん夫婦と良い関係を保つために

・近居の場合

出産後も働き続けるママが増え、近くに住む実親はとても頼りになります。ただしお孫さんが成長するにつれ、こちらは体力・精神的に衰えるため、頼られすぎが負担になることも。近居だからこそルールを決め、程よい距離感で接したいものです。

・遠距離の場合

近居と比べてお孫さんと触れ合う機会が少なくなるので、時々状況を聞くことで気持ちに寄り添ってあげましょう。その際、なるべく娘さんの育児を否定せず、行っていることを認めてあげましょう。お正月やGW、夏休みなどの帰省のタイミングでゆっくりさせてあげられるといいですね。お孫さんの誕生日や入園・入学などはお祝いし、大きくなったら夏休みなどに長期的に迎え入れても。

・頼られすぎてしまう前に

孫育ては重労働です。お孫さんのために自分の生活を犠牲にせず、行政などが行っている一時保育などの育児サービスの利用を提案しても。忙しいママ・パパの負担も少なくなり、育児に余裕が生まれてきます。

36

便利なベビーグッズで子育て常識の変化を知る

後から買い足していく

ベビーグッズは何を選べば良いか迷いがち。実際、育児が始まってから必要なもの、不要なものがわかってきます。抱っこや授乳、沐浴など実際のシチュエーションから、最低限必要なものだけを揃えるのが良いでしょう。里帰り出産でおむつなどを購入する場合も、赤ちゃんの体重によってサイズも変わるので、買いすぎに注意します。

今どきグッズで負担を軽減

ママ・パパのサポートとしてお孫さんの面倒を見るとき、いまどきの育児グッズを活用するのもおすすめです。ママ・パパが使っているものを借りて試してみましょう。

便利な ベビーグッズ

沐浴

ベビーバス…従来の「床置きタイプ」に加え、空気を入れて膨らませる「エアータイプ」、洗面台などで使える「シンクタイプ」、畳んでコンパクトに収納できる「折りたたみタイプ」、水を溜めない「マットタイプ」があります。

ベビーソープ…固形、液体、泡タイプがあります。泡タイプなら、手早くたっぷりの泡で優しく全身やお尻周りを洗えます。

沐浴布・ガーゼ…沐浴中の赤ちゃんのからだを包む布は必須。石けんを泡立てた手で全身を優しく洗い、デリケートな目元にはガーゼを使ってあげて。

抱っこ

抱っこ紐…新生児期から使える抱っこ紐もあります。昔は首がすわるまでは横抱きでしたが、最近は新生児から縦抱きの抱っこ紐やスリングも増えてきました。ただし、首がすわる前の長時間の縦抱きはおすすめしません。

寝かしつけ

ベビーベッド・ベビー布団…寝室でママの布団横にベビー布団を敷く、またはママのベッド横にベビーベッドを置く人が多いようです。どちらの場合でもママと赤ちゃんの高さが同じだと、すぐに手を伸ばして赤ちゃんを触ることができるのでおすすめです。日中赤ちゃんが過ごすリビングなどでは、どこに寝かせるのかも考えながら準備しておきましょう。

おくるみ…全身を包んであげるとママの胎内を思い出して安心するおくるみ。ガーゼケットでも可。

授乳

授乳クッション…まだ首のすわらない赤ちゃんを、ママの胸の高さで固定してくれます。1日10回もの授乳タイムでママの負担を軽減してくれます。

授乳服・ケープ…最近の授乳服はデザインも機能性もアップしています。外出時にはどんな服でも対応できる授乳ケープが便利。

ほ乳瓶…ガラス、プラスチック製が多いですが、適温が保て環境にもやさしいステンレスのほ乳瓶も人気。

37

おむつ替えのお手伝い

今どきのおむつ事情

今や大多数が紙おむつ派だと思いきや、環境や費用面を考えて布おむつを使うママも。昼は布、夜は紙、またはこまめに取り替える必要のある生後3か月頃までは布、ハイハイなどよく動くようになってからは紙のパンツ型と、赤ちゃんの月齢によって変えるパターンも。ママがどちらを選んでも、臨機応変に手伝えるようにしておきたいものです。おむつを替えるときには、「すっきりしたね」など赤ちゃんに声をかけながらコミュニケーションを。

おむつの替え方

・紙おむつの場合

吸水性・保水性に優れ後始末が楽なので、育児に不慣れな産後は特に大活躍。水分を含むのでゴミとして重く、匂いもあるのがデメリット。

❶ 新しいおむつを下にセット

新しいおむつを広げて、おむつをつけたままのお尻の下へ。このとき、足を引っ張り上げないように。

❷ 汚れを拭き取る（基本は前→後ろへ）

女の子はひだの部分も広げて拭き取る。男の子はおちんちんの先から付け根に向かって。おちんちん、袋の裏の拭き忘れに注意。どちらも汚れがひどいときは、お尻シャワーなどで洗い流してから拭き取ると良いでしょう。

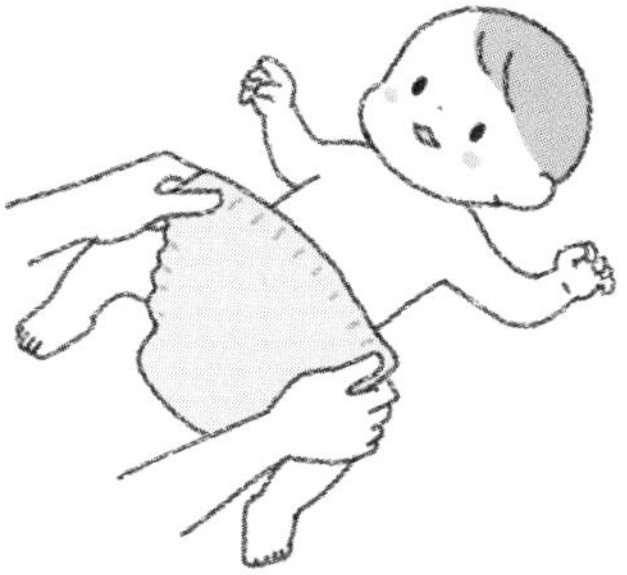

❸ 新しいおむつを当てる

汚れたおむつを外し、新しいおむつを当てます。へその緒がまだついているときは手前を折ると良いでしょう。お尻を乾かしてから当てるようにします。

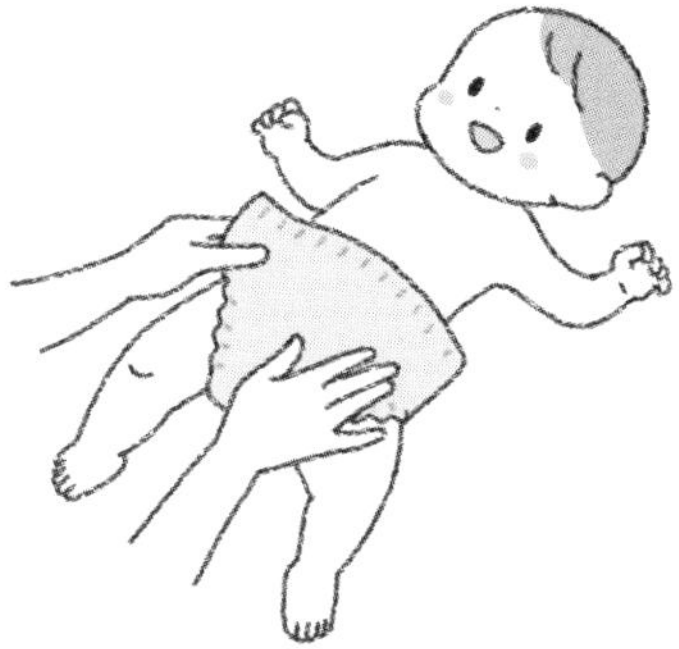

❹ ウエストテープを留める

両サイドのテープを指１本くらいの余裕をもたせて留めます。太ももまわりのギャザーが内側に入らないよう、指をぐるりと回し入れて確認しましょう。

38 沐浴と着替えのお手伝い

ママと交代 または二人で

生後1か月くらいまでの新生児は、新陳代謝が活発ですぐに老廃物がたまるので毎日沐浴させます。一人で行うのは大変なので、サポートする人との二人体制が良いでしょう。赤ちゃんの生活リズムを作るため、なるべくいつも同じ時間帯に行い、お風呂上がりにしっかり保湿剤を塗ります。1か月健診が終われば、大人と一緒に入浴することもできます。

マット沐浴がおすすめ

近年の沐浴グッズとして人気のマット。くぼみが赤ちゃんのからだにフィットするタイプや、お湯を溜めるだけでシンクや洗面所などがベビーバスに早変わりする変形タイプなどさまざまなものが。好きな場所に置けるので腰をかがめる必要がなく、ママや祖父母の腰に負担をかけずにお世話できます。また、寝かせたままからだを洗うことができるので、家族の両手が自由になるメリットもあります。ベビー用石けんを泡立て全身になじませたら、シャワーでよく洗い流します。温度や水量を調節したシャワーは、そのまま出しっぱなしにしておくこと。途中で止めると冷水や熱湯に変わることがあるので要注意です。

沐浴後は赤ちゃんにスキンケアを

赤ちゃんの皮膚はとても薄くて弱いため、沐浴後は保湿が必要です。生後1か月までは皮脂分泌量が多く、2～3か月後からは急激に乾燥します。そのため、早い時期から保湿をすることで、アトピー性皮膚炎などのリスクを減らすことができます。かつてはベビーパウダーを使っていましたが、毛穴に詰まって湿疹の元になるため今は使いません。ベビーローションやクリームをなじませてあげましょう（細かいパーツケアは113ページ参照）。また新生児期の赤ちゃんはへその緒が取れて間もないため抵抗力が弱く、細菌に感染しやすくなっています。

沐浴の流れ

・まずは準備！

バスタオルや着替えなど、お風呂上りに使うもの用意し、お湯の温度を確認します。夏は38～40度、冬なら40～42度を目安に。石けんは、泡立てる手間のない泡タイプが便利です。

沐浴のしかた

❶ 足から湯船に入れる

赤ちゃんの首を支え、足からそっとベビーバスへ。沐浴布でからだを覆っておくとスムーズです。

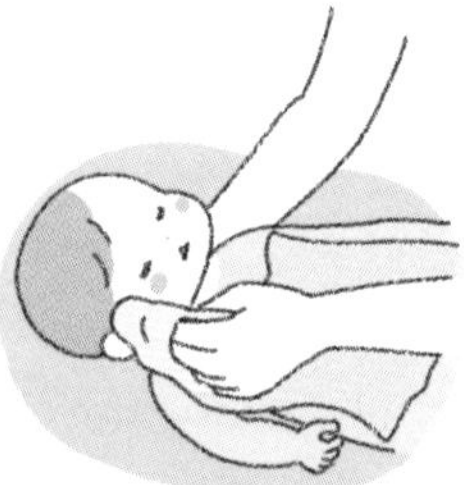

❷ 顔から拭いていく

濡らしたガーゼで、目、鼻、口の順でやさしく拭きます。汚れの少ない部位から洗いましょう。

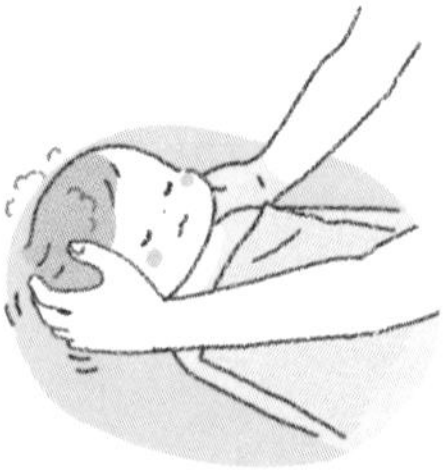

❸ 頭を洗う

やさしく手で洗います。石けんはしっかりと洗い流して。ガーゼなどを使うのもOK。

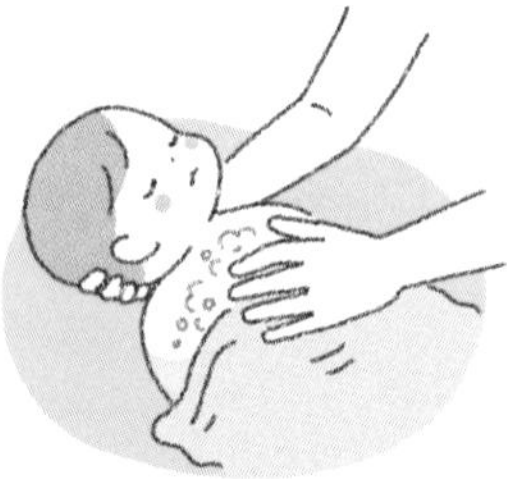

❹ 上半身を洗う

首、胸、お腹を洗います。特に首や脇などくびれた部分は指で丁寧に洗って。

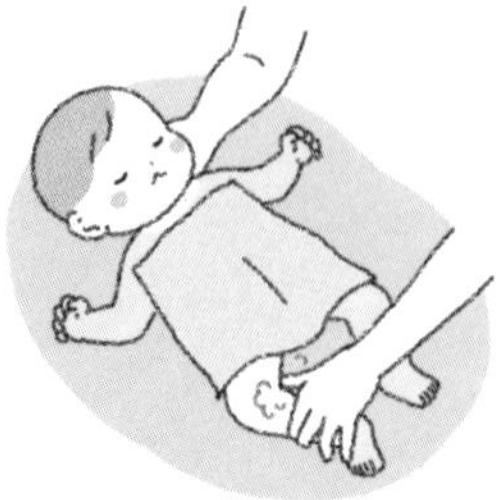

❺ 手足を洗う

手を握っている場合、やさしく開いて洗います。手首や足首のくびれも丁寧に、足の指も洗って。

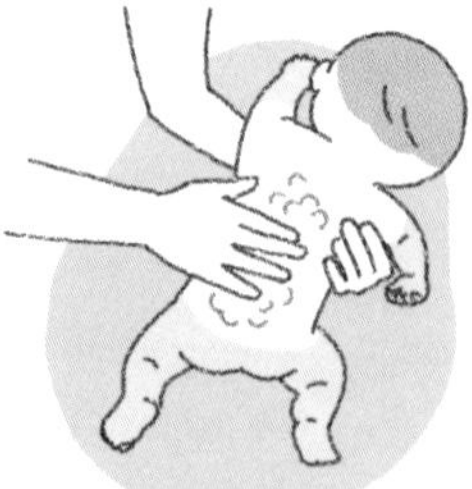

❻ 背中、お尻、股間を洗う

片方の手を脇の下に入れ、赤ちゃんのあごを手首に乗せて背中とお尻を洗います。再び赤ちゃんを仰向けにし、股間を洗います。

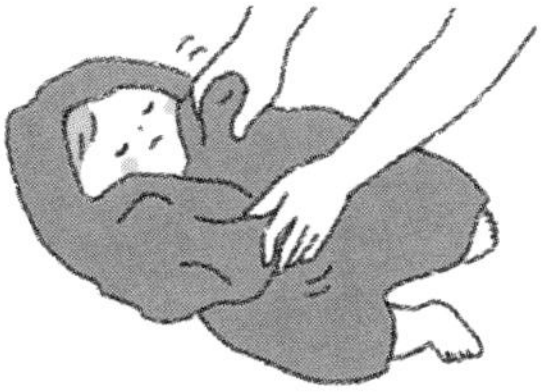

❼ 上がり湯をかける

洗面器に用意していたお湯をゆっくりと全身にかけます。シャワーが使えるなら頭からシャワーをかけ、しっかりと石けんを洗い流しましょう。

❽ からだを拭いて保湿を

バスタオルで全身を包み、こすらず手で押すようにして水気を取ります。首や脇のくびれも忘れずに。拭き終えたら全身の保湿を。おへそがきれいになるまでは消毒し、綿棒でさっと耳の水気を吸い取りましょう。

服の着せ方

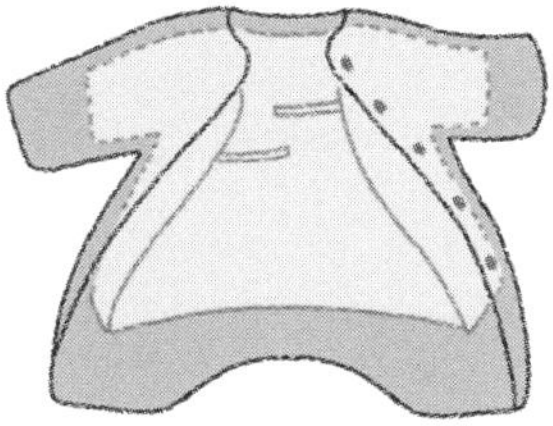

❶ ベビーウェアと肌着を重ねて、広げておきます。

❷ 広げた服の上に赤ちゃんを寝かせ、袖口から赤ちゃんの手を優しくつかんでゆっくりと通します。

❸ 肌着の紐を内側から外側の順番で結んでいきます。苦しくならないよう、余裕を持たせて。

❹ ベビーウェアのスナップを上から留めていきます。スナップを留めるのが面倒なため、自宅では肌着を２枚着せている人も多いです。

39

赤ちゃんこそスキンケアを

赤ちゃんの肌はとても敏感です

〝ベビースキン〟という言葉があるように、美肌の代名詞でもある赤ちゃんの肌。でもその肌機能は未熟でデリケート。沐浴後はすぐに保湿を行いましょう。また、肌表面がとても薄いため、紫外線や乾燥などの外部刺激を受けやすく、よだれや汗、涙などを拭き取る際にも注意が必要です。新生児期から肌を清潔に保って保湿し、赤ちゃん用日焼け止めなどで紫外線対策をする習慣をつけましょう。

パーツケアで健康チェック

沐浴後は目や鼻、おへその掃除、爪切りなどのパーツケアを行いましょう。背中など赤ちゃんの細部を観察することで、湿疹や傷などがないかチェックするチャンスでもあります。気になるところがあれば、すぐにママ・パパと共有しましょう。

パーツケアのやり方

・目

ひと差し指にガーゼを巻き、目頭→目尻から向かって拭きます。左右でコットンを替えるか、違う面で拭きます。化粧用のコットンパフでも◯。沐浴の前にお部屋でしてあげてもOK。

・鼻

綿棒を鉛筆持ちで綿球のすぐ上を持ちます。くるくる回すようにして鼻の穴付近の汚れを取る程度で。奥まで差し込まないよう注意。

・耳

耳の穴付近の汚れだけを綿棒で軽く掃除します。耳の溝や裏側は湿らせたガーゼで拭いてあげます。

・おへそ

へその緒が取れて乾燥するまでは沐浴後に消毒します。へその緒を持ち上げて綿棒で根元にしっかりと消毒液を。へその緒がとれてもグジュグジュしているようならまた消毒をして。生後1か月程度できれいになれば完了。

・爪切り

白い部分が伸びてきたらベビー用の爪切りハサミで水平↓両端をカット。自分の顔を傷つけることがあるので、角がないように整えます。

40

抱っこはスキンシップの基本

抱き癖は気にせずどんどん抱いてあげて

赤ちゃんが泣いてすぐに抱くと〝抱き癖がつく〟と言われていましたが、最近はたくさん抱っこされた子ほど情緒が安定し、早く自立できるとされています。またママ・パパ以外の人に抱かれることで多くの刺激を受け、自己肯定感や五感が目覚めていきます。泣きやまない赤ちゃんに疲れてしまったママの代わりにぜひたくさん抱っこしてあげましょう。経験者が上手に抱っこできるのは当然です。「こうしなさい」などと先輩風を吹かせず、新米ママの上達を温かく見守って。また、生後6か月までは激しく揺さぶってあやさないよう注意です。〝揺さぶられっ子症候群〟になり、脳や神経の障害を引き起こすことも考えられます。

横抱き

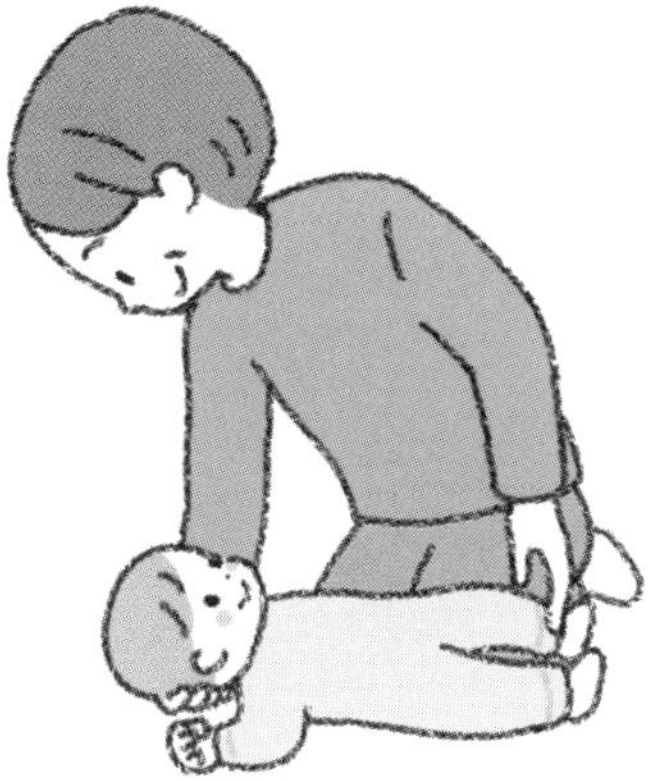

❶ 首の下に手を入れる

片方の手を首の下へ入れ、手のひらで頭と首を支えながら赤ちゃんの上体をゆっくりと起こします。

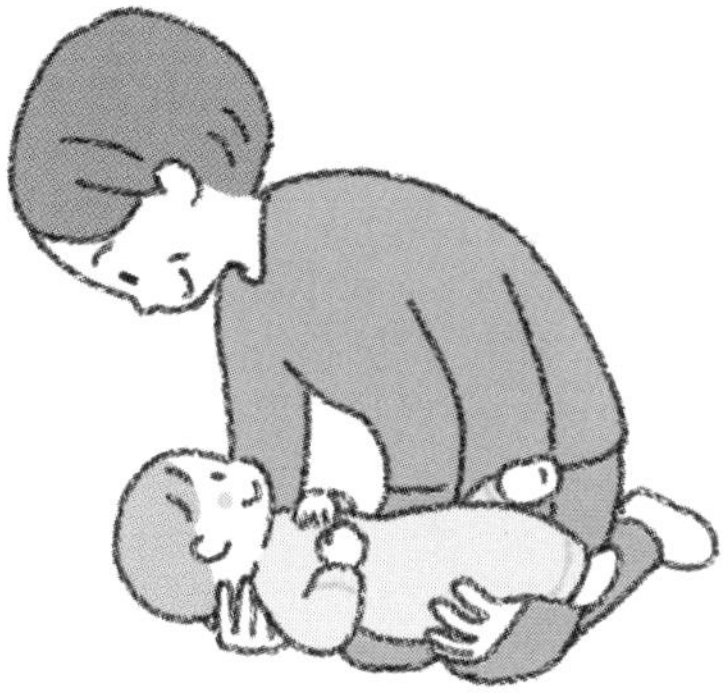

❷ お尻の下に手を入れる

もう片方の手をお尻の下に入れ、赤ちゃんの背中が少し丸くなるようにします。股の間に手を入れず、両足をすくうように。

❸ 赤ちゃんを自分のからだに近づけ抱き上げる

前屈みになり自分の体を赤ちゃんに近づけます。抱き上げるというより、自分のからだを起こすイメージで。

❹ 抱き上げる

赤ちゃんの両手は胸の前、両足はあぐらをかくように

縦抱き

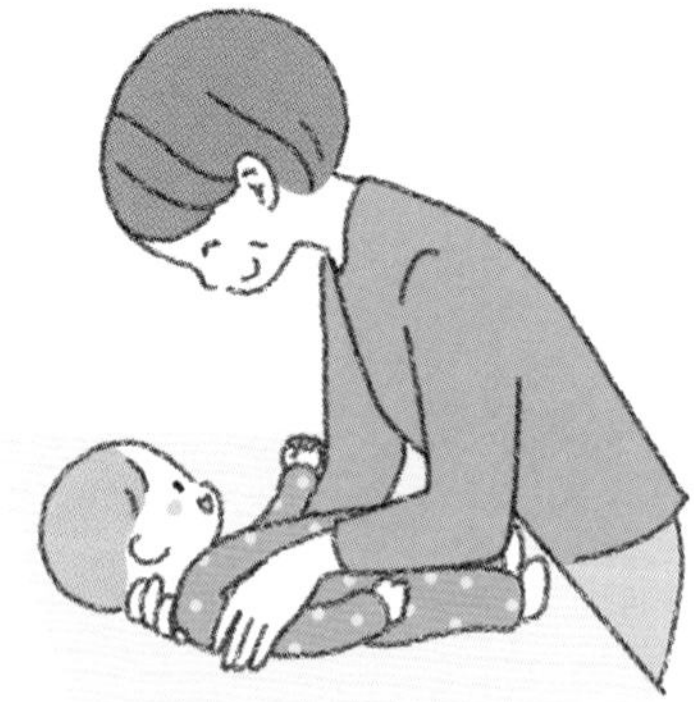

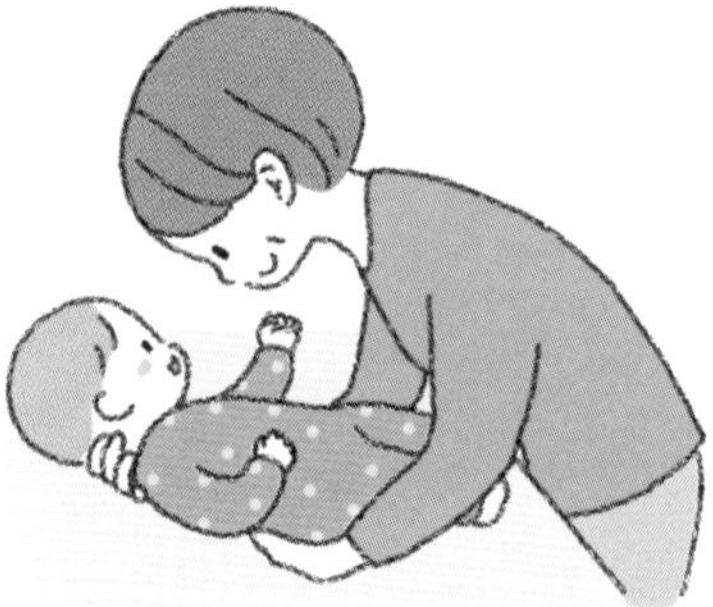

**❶ 正面に向き合い
首の下に手を入れる**

片方の手を首の下へ入れ、手のひらで頭と首を支えながら上体を起こします。両脇の下に手を入れて抱き上げると首に負担がかかるのでやめましょう。

❷ お尻の下に手を入れる

もう一方の手を赤ちゃんのお尻の下に入れ、上体を起こします。

❸ 腕でしっかり支える

自分のからだを近づけて抱き上げお尻をしっかり抱き、もう一方の手は背中にあてましょう。首すわりが心配な場合は首を支えて。

縦抱き・横抱き どっちがいい？

まだ首がすわらないときは横抱きをしてあげて。赤ちゃんはこの安心できる密着スタイルが大好きです。声をかけながら抱いてあげましょう。首がすわったら縦抱きをしてあげましょう。げっぷをさせたり、ぐずるときにもおすすめです。縦抱きは横抱きに比べて手首や肩への負担が軽くなります。首がすわってから長時間抱っこするときは縦抱きを推奨します。

おろし方

まず、おろす場所に物がないかをしっかり目視しましょう。確認ができたら、自分のからだから少し離しながら、赤ちゃんのお尻を床や布団に着けます。その後自分のからだを近づけながら、お尻側にあった手で足を触り、タオルなどで足を少し高くしつつ包みます。次に赤ちゃんの手を赤ちゃんの胸の上に置き、同じようにやさしく包んで。赤ちゃんが落ち着いているようなら、ゆっくり手を離し、足の方からタオルを上げ、からだ全体を包みます。空いた手も赤ちゃんの頭の下に入れ、両手で赤ちゃんの頭を支えながら、ゆっくりとおろしていきます。

41 寝かしつけのお手伝い

赤ちゃんは泣くのがあたりまえ

ぐずってなかなか寝てくれない赤ちゃんにママもイライラ。でもそのイライラが赤ちゃんに伝わってますます泣き止まなくなることも。そこで「赤ちゃんは泣くのが仕事」ということを伝え、ママを責めるような発言は慎みます。生後5か月～1歳半くらいまでは夜泣きも多い時期ですが、いつか終わりがくるもの。また新生児期よりも、1～2か月頃の方がよく泣くとも言われています。娘さんのやり切れない気持ちを受け止め、余裕があれば代わりに抱っこしてあげるなどサポートをしてあげましょう。

うつぶせ寝ではなく仰向けで

赤ちゃんを寝かせるときは呼吸が楽にできるよう、仰向けが基本です。授乳後の新生児はおっぱいやミルクを吐きやすいため、頭をやや横向きにしてもOKです。うつぶせ寝は、気道が圧迫され呼吸ができなくなる可能性があり、SIDS（乳児突然死症候群）のリスクが（120ページ参照）。寝返りをしてうつ伏せの姿勢になってしまったら、仰向けに戻してあげましょう。

ぐっすり快眠できる環境づくり

・3つのポイント

・日当たりが良いが直射日光が当たらない
・壁や棚から離れている
・エアコンの風が直接当たらない

・日中と夜間は

産後1か月までの日中は、リビングに布団やベッドマットを敷いて、お母さんと赤ちゃんが一緒に寝るケースが多いです。ソファーなどでのうたた寝はからだが休まらないので、赤ちゃんの近くでママが横になれる環境を整えます。ママの体力が戻ってきたら、移動式のハイ&ローチェアなどの利用を。生後3か月以降は起きている時間が長くなるので、プレイマットで寝かせても。夜間は大人の目が届く場所にベビー布団やベビーベッドを置いて寝かせます。室温は夏が27~28度、冬は20~22度。湿度は通年50~60%が最適。

SIDS（乳幼児突然死症候群）

・できる限りの対策を

ついさっきまですやすや寝ていた赤ちゃんの呼吸が急に止まり、突然死に至るという痛ましい病気です。生後2か月〜6か月に多いと言われ、これまでも幾多の研究がされてきていますが、いまだにはっきりとした原因はわかっていません。ですが、SIDSを引き起こす原因と考えられるものがあるので、そこを回避してとにかく予防につなげましょう。特にお孫さんを預かるときは気をつけたいです。ただSIDSはさまざまな要因が絡み合って起こるもので、完璧に防ぐのは不可能です。可能な範囲で赤ちゃんの睡眠について、ママ・パパと一緒に見直すようにしましょう。

発症リスクを下げるポイント

・うつぶせ寝をさせない

生後1歳くらいまでは仰向けに寝かせるようにします。うつ伏せになっていたら、仰向けに戻してあげましょう。寝返り返りができるようになるまでは、特に注意が必要になります。

・受動喫煙をさせない

妊娠中の妊婦さん自身の喫煙はもちろん、妊婦さんや赤ちゃんのそばでタバコを吸うのは言語道断。喫煙後2時間経っても呼気からタバコ成分が出ているうえ衣服にも成分が付着していますので、受動喫煙になってしまいます。

・柔らかいマットレスで寝かせない

頭の形に合わせて凹むような枕やマットは窒息のリスクが上がります。からだが沈み込むような柔らかいソファーも注意しましょう。また、赤ちゃんの顔の近くには窒息につながるようなぬいぐるみ、ビニールは置かないように。ブランケット類も、顔にかからないようにします。

・赤ちゃんをあたためすぎない

さまざまな研究によって、赤ちゃんのからだをあたためすぎることもリスクになることがわかっています。特に冬は必要以上に厚着をさせたり、布団を重ねたりしないようにしましょう。

・母乳を飲ませる

母乳で育てられている赤ちゃんのほうがＳＩＤＳの発症率が低いことが調査研究からわかっています。ただし、母乳の分泌不足など母乳育児が困難な場合は特に気にすることはありません。

42

赤ちゃんには規則正しい生活を

早寝早起きで今後の育児が楽に

赤ちゃんは月齢とともに昼間起きている時間が長くなり、夜にまとめて眠るようになってきます。生後3～4か月くらいで昼と夜の区別ができるようになったら、早寝早起きの習慣化を。ぜひ祖父母も協力して、規則正しい生活リズムを整えてあげましょう。

「寝る子は育つ」は本当でした

睡眠中は骨や筋肉を育て、傷ついた細胞を修復する働きを持つ成長ホルモンが分泌され、就寝後30分で最大になります。また乳幼児期の理想的な睡眠時間は9時間半。それより極端に少ないと集中力や注意力が不足し、メンタルにも悪影響があると言われています。赤ちゃんの健やかな成長のためには、睡眠が欠かせないのです。

早寝早起きの習慣作り

・朝日を浴びさせる

起床は7～8時がおすすめ。カーテンを開けて「おはよう」と声をかけながら起こし、短時間でも日光浴をさせます。するとセロトニンが分泌され、夜になるとちゃんと眠くなります。

・朝に授乳・離乳食を与える

朝に胃を動かすことで睡眠中に下がった体温を戻し、活動状態にしてくれます。毎日なるべく決まった時間が○。

・15時以降は昼寝させない

遅くまで昼寝をしてしまうと、その分寝る時間も後ろ倒しになります。熟睡していても15時には起こしましょう。

・早めの時間に入浴を

快眠には体温の低下が必須。入浴で上がった体温が下がり始めたらねんねのチャンス。就寝時間から逆算し、ぬるめのお湯でからだを温めてあげましょう。

・20～21時には寝かせる

部屋を暗くし、マッサージやおくるみで寝かしつけます。最初は慣れないかもしれませんが、だんだんと睡眠サイクルが整ってきます。

・祖父母やママも早起きする

家族の生活リズムが赤ちゃんに影響を与えるので、大人もなるべく早く就寝するようにします。顔が見たくて夜間に寝ている赤ちゃんを起こすなどはNG。

43 授乳はママと赤ちゃんに合った方法を

授乳方法は臨機応変に

最初は母乳でと考えているママも多いでしょう。ですが、産後の母乳分泌量は人それぞれ。赤ちゃんが泣いたときに「おっぱいが足りないんじゃない」はNGワードです。母乳の分泌が軌道に乗るのは1か月健診を過ぎたあたりから。母乳＋ミルクにするのかどうかは退院時に指導があります。そのあとは、赤ちゃんの成長を見つつ、母乳が足りない場合は、助産師か小児科医がミルクを足す必要があるかを決めます。なかには、ママの希望と異なる授乳方法に切り替えなければならなくなる場合もあるでしょう。「これじゃないと」と意気込まず、ママも周囲も臨機応変に取り組むのが良いでしょう。現在の授乳方法は母乳・混合・完全ミルクの大きく3つに分かれます。ミルクも粉・キューブ・液体などがあるのでドラッグストアなどで下見しておいても良いでしょう。

今の授乳事情

授乳別育児の違い

母乳育児…できる限り母乳を多く長く与えるという考え方です。災害時も安心で、産後の回復が早くなる、マタニティブルーを軽減できるとも言われています。

混合育児…母乳とミルクの両方を与える方法。毎回半分ずつ与えたり、日中は母乳、夜間はミルクを与えるなどママによってさまざま。産後初期の母乳分泌量が足りない時期に選択する方法です。

完全ミルク育児…母乳の分泌が悪い場合にミルクのみで育てる方法。誰でもミルクを与えられるというメリットもありますが、母乳に含まれる免疫を赤ちゃんがもらえないというデメリットも。

粉ミルクのつくり方

消毒したほ乳瓶に一度沸騰した70℃以上のお湯をできあがり量の半分ほど入れます。専用スプーンで必要量のミルクを入れ、乳首とフードを取り付けて軽く振って溶かしたら、できあがり量まで70℃以上のお湯を足します。ほ乳瓶全体を水で体温くらいに冷まして完成。

育児用ミルクの種類

缶タイプ…コスパに優れているため、自宅で与えるのにおすすめです。使用頻度が高いほど、コストに差が出るため、完全ミルク育児の家庭には必須と言えるでしょう。

個包装タイプ…外出先で与えるのに便利なスティックやキューブタイプ。外出時にもかさばらずに持ち歩け、密閉されているので安心。一般的にスティックは100ml、キューブは40mlほど。

液体タイプ…調乳の手間がないので、すぐに与えることができます。ほ乳瓶に入れるだけでそのまま与えられるので、すぐに飲ませたいときや災害時の備えとしても活躍してくれます。

粉ミルク詰め替えタイプ…繰り返し使える専用のプラスチックケースに粉ミルクの袋をそのまま入れて使います。ゴミがコンパクトでかつ清潔に使えるのが利点。他のタイプに比べ、やや割安傾向。

44

赤ちゃんの食事について

自分で食べる力を身につける

以前は生後2か月から果汁を飲ませ、4か月から離乳食を進めていましたが、今は赤ちゃんの発育具合に応じて始めます。支えられてお座りできるか、食べ物に興味を示してよだれが出るかなど、赤ちゃんの様子を見ながらゆっくりでOK。母乳やミルクを飲んでいた状態から、段階的に大人と同じような食事内容へ近づけていくので、焦らず取り組んでいきます。赤ちゃんそれぞれのペースがあり、またアレルギーの有無も関係してくるので、ママに確認しながら協力を。「食べさせなきゃ」と焦って躍起になるママを優しく諭しながら、楽しい雰囲気作りをしてあげましょう。ママが与えていないものは、アレルギーの心配もあるので絶対に与えないようにしましょう。

食べる楽しさを教えましょう

離乳食は赤ちゃんのからだだけでなく、心も育てていくもの。ときにはこぼしたり、手でかき混ぜつかんだものを放ったり……これらは全て成長に必要な過程。五感をフル活用して、食への関心を高めている証拠です。忙しいママ・パパをサポートし、赤ちゃんの好奇心を満たしてあげましょう。三世代が笑顔で食卓を囲むことも、今後の大切な礎になります。

4期に分かれる離乳食

ゴックン期…5 ～ 6か月…口を閉じて飲み込むことができます。まだ歯は生えていないので、なめらかにすりつぶしたポタージュやおかゆなどを。この時期の食事は1日1回です。

モグモグ期…7 ～ 8か月…舌とあごで食べ物を潰して食べることができます。簡単に潰せる豆腐程度の固さのものに、鶏のささみや魚を加えて味や舌触りのバリエーションを。そろそろ乳歯が生え始めます。1日2回ほど与え食材も増やしていきましょう。プチトマトなどの丸いものはカットして与えるなど、窒息に注意します。

カミカミ期…9 ～ 11か月…バナナ程度の固さに潰した牛肉や豚肉も与えていきましょう。前歯が8本生えそろう頃。

パクパク期…1歳～1歳6か月…歯を使い、歯茎で上手に噛めるようになります。潰した後に繊維が残るような固さで、大人とほぼ同じ食材でOK。奥歯も生え始めます。1日3回＋おやつを与えても。

45 赤ちゃんに与えてはいけない食べ物は？

1～2時間後に症状が出やすいので、異変を感じたらすぐに小児科で受診を。

診断されたら家族の理解と協力が必要

食物アレルギーには、アナフィラキシーショックを起こすものもあります。成長とともに改善されるものもありますが、重症化や死にいたるケースもあるので注意が必要です。家族で協力してお孫さんの食事をサポートしていきましょう。

食物アレルギーって？

最近増えている食物アレルギー。アレルギーは好き嫌いではありません。ママ・パパが与えていない食材は食べさせない、食べ物をあげる前には必ずママやパパに確認しましょう。アレルギーは食べて

主なアレルギー症状と注意したい食べ物

注意したい食べ物

はちみつ…ボツリヌス菌によって乳児ボツリヌス症にかかる恐れが。1歳までは与えません。

生卵…サルモネラ菌が付いている可能性があります。3歳未満は加熱を。

小麦…特殊なたんぱく質を消化できずにアレルギー反応を起こすことがあります。パンや麺類だけでなく、スナック菓子や揚げ物等の加工食品に使われていることもあります。

牛乳、ヨーグルト、チーズ…牛乳のたんぱく「カゼイン」が原因で炎症を起こします。発酵しても分解されにくく、1歳までは注意が必要。離乳中期以降はシチューやパン粥などの材料として加熱は可。

そば…少量でも激しいアレルギー反応を起こす可能性が。離乳食の時期は避けて。

ピーナッツ…そばと同様に激しいアレルギー反応を引き起こす可能性があります。

主なアレルギー症状

皮膚症状…じんましん、赤み、かゆみ、むくみ、湿疹

粘膜症状…唇やまぶたの腫れ

消化器…嘔吐、下痢、血便

呼吸器…くしゃみ、鼻水、鼻づまり、咳、呼吸困難

重篤な場合だとこれらの症状が同時に表れ、血圧低下や意識障害などを伴うアナフィラキシーショックを起こすこともあります。

誤飲や窒息、食中毒

刺身…アニサキスや腸炎ビブリオが繁殖している可能性が。3歳までは加熱を。

ひじき・海藻…ひじきの無機ヒ素や海藻のヨウ素は摂りすぎると健康被害をもたらす可能性が。

あめ、プチトマト、うずらの卵、ナッツ、こんにゃく等…喉に詰まりやすいので要注意。

46 赤ちゃんの健やかな口内環境のために

神経質になりすぎず、ママ・パパの気持ちを尊重

実は最近の研究で、生後4か月にはすでに母親の口腔細菌が赤ちゃんに移っているとのことが確認されています（2023年 一般社団法人 日本口腔衛生学会より）。ですが

この情報はまだ一般に広がっていないため、ママ・パパが気にしているようなら、お箸やスプーンを別々にする、キスは避けるなどしたほうが良いでしょう。「気にしすぎだよ」などの発言はすれちがいの原因にもなりかねないので、決して言わないようにしましょう。

乳歯が生え始めたら毎日ケアを

歯が1本でも生えたらすぐに歯磨きを始めます。寝る前にガーゼで歯を拭いてあげ、口内をケアすることに慣れたら乳児用の歯ブラシやデンタルフロスを使って。歯磨きを嫌がる赤ちゃんに苦戦している

ママ・パパも多いので、たまには祖父母が代わってお世話を。膝の上に抱き、話しかけたり歌ったりしながら、歯磨きを楽しい時間にしてあげましょう。

おしゃぶりはやめさせるべき？

赤ちゃんの指しゃぶりやおしゃぶり使いは、生理的な行為の一つです。歯並びが悪くなる、言葉が遅くなるなどのデメリットも言われていますが、泣きやむ、寝つきが良くなるなどのメリットも。長時間でなければ無理してやめさせなくても良いと思われます。だいたい1歳を過ぎた頃から使用頻度が下がっていき、2歳半くらいで飽きてやめることがほとんど。4～5歳になっても習慣として続いているようなら小児科医に相談を。専門家の意見を聞きながら改善の方法を探っていきましょう。

47 スマホとテレビはどう見せる？

コミュニケーションツールとして使う

最近、スマートフォンやテレビに子守をさせている親や祖父母が少なくありません。短時間であれば問題ないのですが、長時間見続けていると、体を動かしたり人と交流する時間を奪い、乳幼児の心身の発達に大きな影響を及ぼします。いつも赤ちゃんと一緒にいるママ・パパが家事などで手が離せない、公共の場で静かにしてほしいときなど、使う頻度は増えるでしょう。最近の研究で脳は機械を通した声よりも、生の声によく反応することがわかっています。忙しいママ・パパに代わって、機械に頼らずに絵本の読み聞かせ、歌を歌うなど生の声で接するようにしましょう。ただし、長期間一人で預かるときなどはママ・パパに確認し利用してもいいでしょう。大切なのは、動画を見せるときにもお孫さんを一人にせず、声をかけながら一緒に見るなど、コミュニケーションツールとして活用することです。

守れる範囲でのルール作りを

スマホやテレビのルールをママ・パパに聞き、お孫さんを取り巻く大人がみんなで一緒に考えて、共通の意識をもつことが大切です。「勝手に」、「ママ・パパに内緒」で見せるのはやめましょう。ママ・パパがお孫さんに使うことを許可していても、使用時間等のルールは事前にしっかり確認を取っておきましょう。

ルールが守れたら「よく守れたね～とってもえらいよ！」などと、大げさなくらいほめてあげましょう。スマホやテレビをただ悪いものと決めつけるのではなく、楽しい思い出が増えるよう賢く使っていきたいものです。

理想的な スマホ・テレビの視聴※

・2歳以下は視聴を控える
・授乳・食事中の視聴はやめる
・保護者と子どもでメディアを利用するルールを作る

※社団法人 日本小児科医会の提言より

48

断乳ではなく卒乳が主流に

個人差があるので焦らずに

「卒乳」は赤ちゃんが母乳を飲むのをやめること、「断乳」はママが授乳をやめる判断をすることを言います。赤ちゃんは生後10か月くらいから1日3食になり、母乳以外から栄養を摂ることができるようになります。世界保健機関（WHO）と国連児童基金（ユニセフ）は、生後6か月以降は栄養が十分な補完食を食べながら、2歳かそれ以上まで母乳を飲み続けることを推奨しています。日本では保育園入園のタイミングや諸事情によって、かなり個人差がありますが、いつまでにしなければならないということはありません。ママの状態と赤ちゃんの月齢や発育発達状況なども含めて、どのように進めていくのが良いのか決めていきましょう。経験者としてのアドバイスをしても良いと思いますが、出産した病院や母乳外来、助産院等への相談をすすめる方がママも安心するでしょう。ママの母乳を求めて泣き叫ぶお孫さんをあやすなど、卒乳への協力は惜しみなくしてあげて。

卒乳のプロセス

・回数を減らしていく

1日の授乳回数を少しずつ減らし、母乳の分泌量を減らします。病気やケガをしたり、食欲がないときなどは、母乳を欲しがることも。卒乳を決めるまでは、1日の回数が増減しても気にしないようにしましょう。

・卒乳後にはケアを

1日1回の授乳が1週間程度続いたら、卒乳の準備ができた目安に。自然卒乳にするのか、計画的卒乳にするのかは、ママが決めること。日を決めて卒乳する場合は、ママのおっぱいが恋しくて泣くことも多々あるので、他の人とのスキンシップや遊びで気をそらして。

・専門家のサポートを

授乳回数が多い時期の断乳や卒乳前後のおっぱいのケアなどは、出産した病院の母乳外来や助産師外来を利用したり、地域の開業助産師さんに診てもらったりすると良いでしょう。

49 乗り物で移動するとき

赤ちゃんファーストで

退院後から、1か月健診やお宮参り、ママ・パパの実家へ行くなど赤ちゃんを乗り物に乗せる機会が増えていきます。赤ちゃんも周りも快適に過ごせるよう、前もって準備が必要です。赤ちゃんを連れて移動していると、吐き戻しなど思わぬハプニングがあるので、時間に余裕を持つことを心がけていきましょう。

車での移動

ママやパパが赤ちゃんを抱っこしたまま車に乗ることは危険。道路交通法では6歳未満の幼児を車に乗せるときには、チャイルドシートの設置が義務付けられています。大事なお孫さんの命を守るために必ず設置を。長時間の移動は赤ちゃんに負担をかけるため、こまめに休憩を取りましょう。また短時間でも赤ちゃんを車内に一人きりにしないように。

乗り物別の注意点

・チャイルドシート

乳児用、幼児用、学童用の3タイプがあるため、体格や対象年齢に合ったものを使用しましょう。

・バス・タクシー

路線バスやタクシーではチャイルドシートは免除されますが、チャイルドシートを用意してくれるタクシー会社もあるので確認を。用意がないときにはシートベルトをママ・パパだけに。赤ちゃんに付けると圧迫されて事故につながる危険があるので、しっかりと抱っこして。

・新幹線

指定席を取るのが安心です。またおむつ替えや授乳ができる「多目的室」の近くや、泣いたときのために出入り口近くの座席がおすすめです。

・飛行機

生後8日後から搭乗でき、2〜3歳までは大人の膝の上に座る場合につき航空運賃は無料です。離着陸の気圧の変化で耳が痛くなることがあるため、母乳・ミルクなどを飲ませてあげると良いでしょう。航空会社によっては簡易ベビーベッドが借りられるので、予約時に確認を。

・自転車

チャイルドシートのある自転車には1歳から乗車可能です。必ずヘルメットを着用させましょう。

50

思いがけない病気やケガ、どうする?

あわてて病院へ行く前に

お孫さんの急な病気やケガ、すぐ楽にしてあげたいですよね。不安になってすぐに病院へという気持ちになりますが、乳幼児の発熱は珍しいものではありません。赤ちゃんはママの胎内で免疫を獲得して生まれますが、生後6か月以降はそれが失われてしまいます。このため風邪などをひきやすく、感染を繰り返すことで免疫を獲得していくのです。熱があっても元気で遊んだりしているようなら、自宅でゆっくりと過ごさせることでからだが休まるケースも。切り傷などのケガの場合、家でできる応急処置を迅速に行い、出血が止まらない、いつもの泣き方と違うようなら病院へ。病気もケガも自分を責めるママが多いので「あなたのせいではないよ」など説明し、安心させてあげましょう。受診する場合はできればママかパパと一緒に行きましょう。

症状別の応急処置

下痢

下痢で心配なのが脱水症状。普段より水分補給をこまめにし、食欲があるようなら消化の良いものをあげましょう。家庭内にウイルスや細菌が広がらないよう、汚れ物の取り扱いや手洗いに注意。

嘔吐

仰向けにせず横向きに寝かせ、水分補給は吐き気がおさまってから。一度に多く飲ませると吐いてしまうので、少量ずつ。

やけど

やけどの程度にかかわらずすぐに流水で冷やし、最低でも10分は冷やし続けます。その後やけどの様子を見て、II度以上のやけど（水ぶくれがある）なら、病院で受診を。患部にアロエを塗るなどの民間療法は避けましょう。

切り傷・すり傷

切り傷は傷口を押さえて止血します。すり傷は傷口を水で洗い流してから、絆創膏で保護します。体液には傷を治癒する成分が含まれているので、消毒液は使わないで。

発熱

まずは赤ちゃんの全身状態をチェック。高熱でも機嫌が良く余裕があるようなら水分補給をして様子見。ぐったりとして反応が悪い、呼吸困難などはすぐに病院で受診を。

せき

枕にタオルなどを挟み、上半身を少し起こした姿勢にして呼吸を楽にしてあげます。部屋の湿度を50～60％に保ち、換気をすると症状が落ち着く場合があります。たんが絡んでいるようなら、縦抱きしながら背中を優しく叩いて。

鼻水

鼻水を出したままで放置せずこまめに拭き取ります。赤ちゃんが自分で鼻をかめるようになるのは2歳以降。鼻が詰まって苦しそうなら、吸引器などで吸い取ってあげます。

救急の電話番号

病院に連れて行くか迷ったら、まず「こども医療でんわ相談（＃8000）」を利用しましょう。また、救急車を呼ぶか迷ったときは＃7119で救急の受診が必要かどうかを相談できます。

赤ちゃん目線でチェックを

いつ起こるかわからないケガや事故。これらを引き起こさないためにも、大人ではなく、赤ちゃんの目線で安全に過ごせる部屋作りを。できれば妊娠中、遅くても赤ちゃんがハイハイを始める頃までには、家の中の危険地帯をチェックしましょう。日々成長していく赤ちゃんは、昨日までできなかったことが今日はできるようになります。次のステップを見越した対策を立てましょう。

赤ちゃんに起きがちなトラブル

成長段階によって危険地帯も増えていきます。次に何ができるようになるのかを見越して対策を。

・ねんね・寝返り期

寝ている赤ちゃんの上に物が落ちる、SIDS（120ページ参照）、布団での窒息、床に落ちたものを口に入れる、ベッドから転落する。この時期はまだ自分で動けないので、大人が常に注視をしましょう。

・おすわり・ハイハイ期

転倒によるケガ、段差から落ちる、やけど、食べ物以外のものを誤飲・誤食する。行動範囲が広がって、大人の目の届かない場所での転倒や落下には特に注意が必要です。

おうち危険マップ

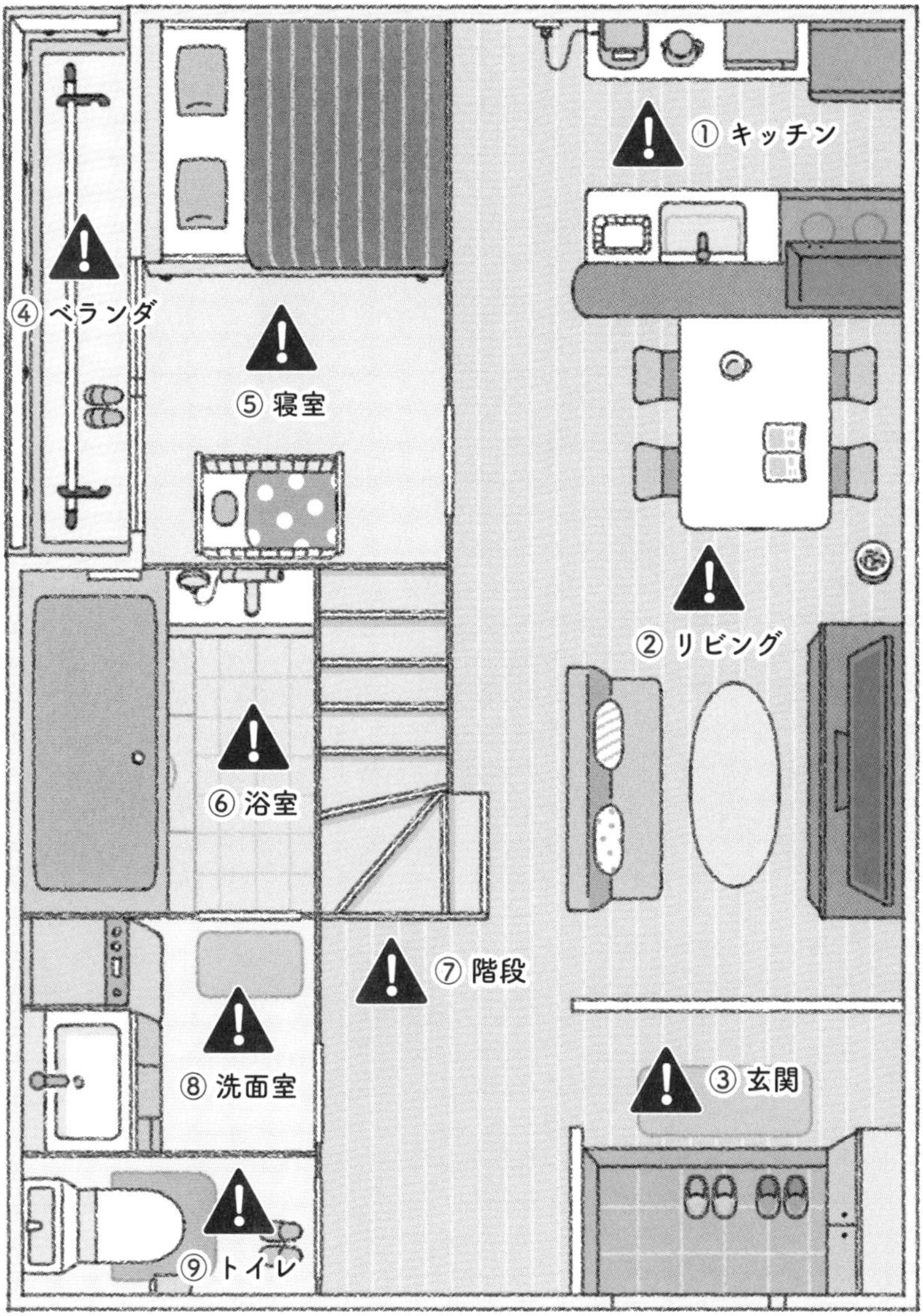

解説は次のページへ

・①キッチン

火元や刃物、食器や調味料、食品など、危険なものがたくさん。キッチンはオープンにしている家庭も多いですが、出入りできないようにしておきたいです。シンク下の扉などもロックを。湯沸かしポット、炊飯器なども注意が必要です。

・②リビング

床に置いてあるもの、テーブル上のもの、ゴミ箱の中身の誤飲、ソファーからの落下など事故の多発地帯。家具の角はコーナーガードを、コンセントにはカバーを付けて。トイレットペーパーの芯より小さいものは誤飲するので、細々した物を出しっ放しにしないようにします。落下したときに備え、衝撃吸収タイプのマットを敷いておくと安心です。

・③玄関

段差がある玄関への行き来が自由にできてしまう場合は、ハイハイができる前にベビーゲートを設置するなどしっかり対策を。

・④ベランダ

近年増えている建物からの転落事故は、ほとんどがベランダや出窓からによるものです。窓のカギを赤ちゃんが偶然開けてしまうことがあるので、さらにストッパーをかけるのがおすすめ。ロールスクリーンやブラインドの紐も窒息の危険性があるので対策を。手すり近くには踏み台（植木鉢なども）になるような物は、置かないようにしましょう。

・⑤寝室

ベビーベッドからの転落事故が一番多いので、寝ているときも柵をしっかり上げておきましょう。うつぶせや布団での窒息にも注意を。赤ちゃんの顔の近くには、物を置かないようにしましょう。

・⑥浴室

脱衣場も含め、浴室のドアは必ず閉めておきます。入浴後は残し湯をせず、水の事故を防止します。石けん、シャンプーなども、手の届かないところに置きましょう。

・⑦階段

ハイハイで階段を上っていくことができるため、転落事故が多くなります。上と下にベビーゲートを設置し、大人が通った後はちゃんと施錠を。

・⑧洗面室

化粧品や洗剤、ヘアピンやカミソリなどを手が届く範囲に置かない。きちんと扉のある収納にしまい、踏み台なども置かないように。

・⑨トイレ

赤ちゃんは便器内の浅い水でも溺れてしまうので、必ずドアを閉めましょう。簡単に扉が開いてしまう場合は、外カギもかけましょう。

年齢別

子どもが起こしやすい事故

子どもは運動機能の成長につれていろいろなことができるようになる一方で、さまざまな事故に遭う可能性が高まります。特に発生しやすい時期別の事故表を確認して、予防の参考にしてください。

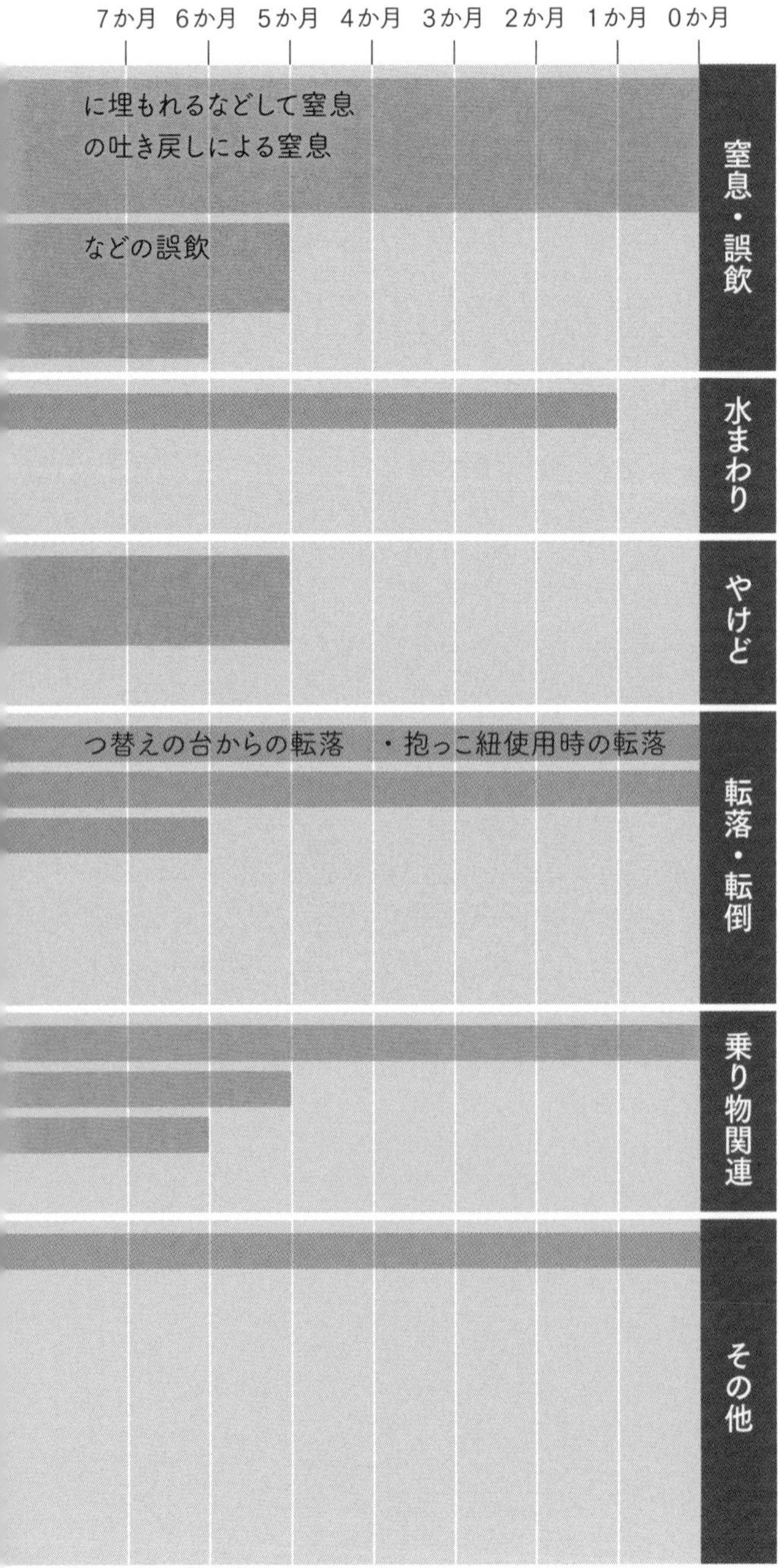

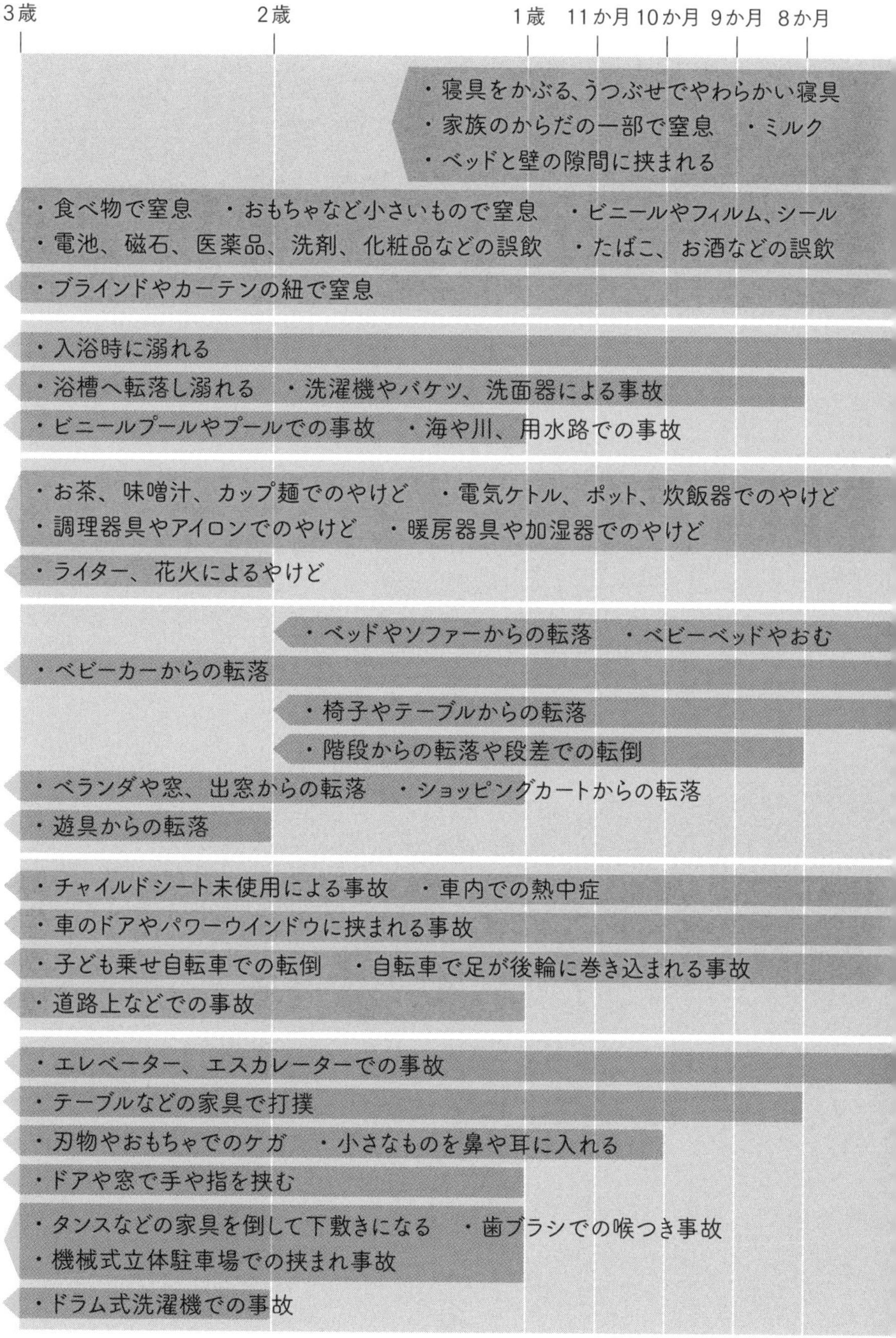
3歳
2歳
1歳
11か月
10か月
9か月
8か月
・寝具をかぶる、うつぶせでやわらかい寝具
・家族のからだの一部で窒息　・ミルク
・ベッドと壁の隙間に挟まれる
・食べ物で窒息　・おもちゃなど小さいもので窒息　・ビニールやフィルム、シール
・電池、磁石、医薬品、洗剤、化粧品などの誤飲　・たばこ、お酒などの誤飲
・ブラインドやカーテンの紐で窒息
・入浴時に溺れる
・浴槽へ転落し溺れる　・洗濯機やバケツ、洗面器による事故
・ビニールプールやプールでの事故　・海や川、用水路での事故
・お茶、味噌汁、カップ麺でのやけど　・電気ケトル、ポット、炊飯器でのやけど
・調理器具やアイロンでのやけど　・暖房器具や加湿器でのやけど
・ライター、花火によるやけど
・ベッドやソファーからの転落　・ベビーベッドやおむ
・ベビーカーからの転落
・椅子やテーブルからの転落
・階段からの転落や段差での転倒
・ベランダや窓、出窓からの転落　・ショッピングカートからの転落
・遊具からの転落
・チャイルドシート未使用による事故　・車内での熱中症
・車のドアやパワーウインドウに挟まれる事故
・子ども乗せ自転車での転倒　・自転車で足が後輪に巻き込まれる事故
・道路上などでの事故
・エレベーター、エスカレーターでの事故
・テーブルなどの家具で打撲
・刃物やおもちゃでのケガ　・小さなものを鼻や耳に入れる
・ドアや窓で手や指を挟む
・タンスなどの家具を倒して下敷きになる　・歯ブラシでの喉つき事故
・機械式立体駐車場での挟まれ事故
・ドラム式洗濯機での事故

参考文献：「子どもを事故から守る！事故防止ハンドブック」消費者庁

祖父母の本音

孫育てあるある

どう接していいかわからない

孫の男児が3歳くらいから癇癪を起こすようになり、こちらの言うことを聞きません。せっかく会えてもどう接していいかわからず、振り回されてしまい正直疲れてしまいます。私自身、女の子しか育てていないため、男の子の扱いが難しいのもありますが、娘夫婦もとりなしてくれません。走り回ったり大きい声を出したり、自分の子どもなら怒れるのですが。

（Y・Tさん／65歳）

やってもらって当然の態度に……

娘が急な外出のときに孫を預かることになったのをきっかけに、それ以降頻繁に頼まれるように。孫はかわいいのですが、こちらにも都合がありますし、何より感謝の言葉もなく〝預かって当然〟のような態度にモヤモヤしてしまいます。近居なのでなるべくサポートしたいのですが、こちらも体力気力が追いつきません。数回に一回は断るようになりました。

（K・Mさん／63歳）

要求がエスカレート

誕生日や七五三などの他に、金品を要求されるようになり困っています。「かわいい孫のためでしょ」というおきまりのセリフでねだってくるのですが、こちらも少ない年金暮らしです。我が娘ながらちゃっかりしているなと思ってしまいます。節目のお祝い以外の服や生活必需品は、両親が用意するべきではないでしょうか。（M・Nさん／70歳）

夫婦の会話が増えました

私たち夫婦は子どもたちが自立してから会話も減っていたのですが、孫が生まれてから協力して孫育てに生きがいを見出すようになりました。ペットを溺愛していたのですが、孫との関わりを通じてセカンドライフが充実し、夫もぐっと若々しくなりました。これからも心地よい距離感で三世代仲良くしていきたいと思っています。

（T・Dさん／66歳）

健康や見た目に気を使うように

孫とずっと一緒に過ごしたくなって、今まで以上に健康面に気を使うようになりました。娘夫婦とも一緒に出かけることが増え、ダイエットをはじめ、美容にも気を使うようになり毎日充実しています。あくまでも孫に依存するのではなく、まだまだ自分もできることがあるなと気づかせてくれたので、感謝をしています。（K・Kさん／68歳）

ママの本音

子育てあるある

欲しがるままにお菓子を与える

2歳の子どもにねだられるから と、父が食事前にお菓子をたくさん与えてしまいます。食事をしっかり摂れるようトレーニング中でもあるので、困ってしまって……。ある程度孫を甘やかしてしまうのは仕方ないと思いますが、こちらのルールを無視した行動は迷惑。自宅でもお菓子をねだる習慣がついてしまいました。

（A・Oさん／33歳）

古いやり方を押し付けてくる

義母が何かと子育てに口出しをしてきてイライラ。その内容は抱き癖がつく、仰向けに寝かせたら頭の形が悪くなるなど、時代錯誤のものばかり。今の時代、問題がないとされていることを説明したいのですが、実の親ではないので言い方に気を使います。こちらが間違っているというスタンスなので、聞き入れてくれるとも思えません。

（M・Aさん／32歳）

巻末資料

・子どもが主役の行事と祖父母の役割
・産前・産後に利用できるサービス
・出産にかかるお金／もらえるお金

子どもが主役の行事と祖父母の役割

一つひとつがお孫さんにとって一生に一度のお祝いです。最近では簡略する傾向もありますが、一方で毎月かわいくデコレーションして写真を撮ったり、ハーフバースデイをしている家庭も多いです。ママ・パパの意見を尊重しつつ、その成長をお祝いしてあげましょう。意見を押し付けるのはＮＧですが、伝統やしきたりを後の世代に伝えることも祖父母の役割です。

時期	行事	概要	祖父母の役割
生後７日	お七夜	出生後7日目のお祝い。昔は赤ちゃんが無事に育つことは大変で、無事７日間を過ごしたことを喜んだのが由来です。昔は、この日に名前の披露（命名式）とともに身内で祝い膳を囲んでいました。最近では、お七夜は産後間もないことから簡単に行うご家庭も。手形・足形をとって記念にする傾向も。	遠方でない場合は、先方の親を招きます。お赤飯、尾頭付きの魚（鯛など）を用意します。仕出し料理でＯＫ。
生後31～33日	お宮参り	出生後初めてその土地を守る氏神様（生まれた土地にある神社）へお参りします。家族にとってゆかりのある神社や安産祈願をした神社へお礼参りをする場合も。一般的に男の子は生後31、32日、女の子は32、33日目にお参りするのが良いとされていますが、体調、気候の良い時期を選びましょう。	赤ちゃんの祝い着は母（ママ）方の実家が、祝い膳や食事などの費用は父（パパ）方の実家が負担するのが一般的ですが、ママ・パパが全額負担する場合は、お祝いを持参しましょう。着物はレンタルで済ませる人も多いです。

生後100日	生後初めてのお正月	生後初めての節句	生後初めての誕生日
お食い初め	**初正月**	**初節句**	**初誕生**
生後100日目のお祝い。赤ちゃんに食事の真似をさせて、この先一生食べ物に困らないという願いを込めます。	出生後初めて迎えるお正月のお祝い。男の子は破魔矢、女の子は羽子板を飾ります。	出生後初めての節句。女の子は三月に雛人形を、男の子は五月に鎧兜を飾って、子どもの厄を祓います。出生後すぐに初節句を迎える場合は、翌年に延期することも。	生後初めて迎える誕生日。一升餅をついてお祝いをします。
昔は食器類を母（ママ）方の実家が用意していましたが、最近ではレストランなどを利用したり、食器と料理がセットになったデリバリーを注文して自宅で行うことが多いようです。祝い膳にお赤飯、尾頭付きの魚（鯛など）、汁物、酢の物、煮物、香の物、歯がため石を。赤ちゃんに食べさせる真似をするのは、長寿にあやかるという意味で家族の中の年長者の役目と言われています。	破魔矢も羽子板も母（ママ）方の実家が贈るのが習わしです。	かつては雛人形も鎧兜も母（ママ）方の実家が贈る習わしがありましたが、最近は両家での折半や費用だけを贈る場合が多いです。	一升餅は和菓子店などに注文できます。小分けにした餅やパンもあり、最近では簡単なホームパーティや食事会で済ませることも。

産前・産後に利用できるサービス

※紹介しているサービスは自治体によって名称や支援内容等が異なる場合があります。
詳しくはお住まいの地域のホームページや役所窓口にてお問い合わせください。

自宅に訪問してくれるサービス

産後ケア　訪問型

運営：市区町村

産後のママのからだやおっぱいの状態、赤ちゃんの状態、ミルクをどのくらい足したらいいのかなど、ママの心身、赤ちゃんの健康、ケアのサポート、アドバイスが受けられます。

市区町村が運営していますが市町村にお住まいの方で行われていない場合は、「日本助産師会」のホームページなどで近くの助産師さんをお探しください。訪問してもらうことができます。

産前・産後ヘルパー

運営：生活協同組合、各市区町村、
民間企業など

赤ちゃんのお世話や家事を手伝ってくれるサービス。産前（診断書が必要な場合が多い）でも産後でも利用でき、料理や掃除、赤ちゃんのお世話のサポートなども頼むことができます。

産後ドゥーラ

運営：一般社団法人ドゥーラ協会

赤ちゃんのお世話や家事、そしてママに精神的な面で寄り添ってくれる人が来てくれるサービスです。産後一年以内ならだれでも利用することができます。

ファミリー・サポート（ファミサポ）

運営：各自治体の
ファミリー・サポート・センター

子どもの預かりや送迎などを、地域で研修を受け、登録している人に有料でお願いできます。利用開始の時期は、産後や生後57日目以降など異なりますので、利用前にご確認ください。

ベビーシッター

運営：民間企業

ママ・パパが少し家を空けてしまうときに、赤ちゃんの面倒を見てくれる民間のサービスです。少し料金は高めですが、お世話に慣れたシッターさんが来てくれます。

困ったらここへ！ 相談できる場所

保健センター

運営：各市区町村

保健センターは、育児に限らず健康や地域保健に必要な事業と身近な対人サービスを行う施設です。妊娠の届出や母子健康手帳の公布もこの保健センターで行います。保健師や助産師、看護師など、さまざまな専門家が従事しているので、妊娠から育児まであらゆる不安や悩みに対応してくれます。

子育て支援センター（子ども家庭支援センター）

運営：各市区町村

子育て支援センターは乳幼児の子どもと子どもを持つ親が集まって親交を深めたり、子どもを遊ばせたり、育児に関する情報を提供したりする場所です。公共施設や保育所、児童館などの地域の身近な場所で、乳幼児がいるママがサポートを受けられます。育児に関してはもちろん、各地域の育児サービスの情報が入手できるので、ママにとっては心強い施設です。祖父母もお孫さんと一緒に行くことができます。娘さんとここで待ち合わせをし、ここでお孫さんを預かるという方も増えています。

産後にゆっくりできるサービス

産後ケア　宿泊型、デイサービス（日帰り）型

運営：各市区町村、民間企業

産後ケアとは、出産直後から1年程度を目安として、ママが心身ともにゆっくりできる施設です。デイサービス（日帰り）での利用や宿泊が可能なものもあります。祖父母がサポートできない場合に、利用するママ・パパも増えています。娘さんが住んでいる市町村のサービスが利用できます。

産褥《さんじょく》入院

運営：助産院、病院

産褥入院とは、病院での出産と入院を終えたあと、休養のために追加で入院することです。整った環境で育児や授乳のアドバイスを受けることができ、一人ひとりに合ったやり方を教えてくれます。

出産にかかるお金

妊婦健診費用

自己負担額 約5万円～

初診で約1万円、その後の定期健診では3,000円～ 5,000円程度かかります。

入院・分娩費用等

約50万円（普通分娩の場合）

- 分娩料 …… 約28万円
- 入院料 …… 約12万円
- 新生児管理保育料 …… 約5万円
- その他、室料差額や産科医療補償制度（※）など

無痛分娩の場合は、追加で10万円～ほどかかります

予約金として分娩予約時に数万円支払うことがあります。キャンセル時に予約金は返金されないこともあるので事前に確認を。
非常に高額な出産費用ですが、妊娠と出産は病気ではないため、健康保険が適用されずに原則としてすべて自費となります。出産時の経済的負担を軽減するため、公的な支援がいくつか用意されています。妊娠がわかったら市区町村の役所や保健所に問い合わせるよう伝えてあげてください。

※産科医療補償制度とは

出産時になんらかの理由で重度脳性麻痺となった赤ちゃんとその経済的負担を補償する制度のこと。産科医療補償制度が適用される出産の場合、次ページの「出産育児一時金」で補填されます。

厚生労働省　2022年の調査による

もらえるお金

妊婦健診の助成金

約10万円

妊娠届を提出すると、母子手帳と一緒に「妊婦健康診査受診票」が配布されます。二回目の妊婦健診からこの補助券を事前に出すことで、健診費用の総額から、補助金の金額を差し引かれます。里帰り出産の場合は補助券が使用できないのでいったん全額支払う必要がありますが、出産日から1年以内にお住まいの自治体窓口に申請すれば清算ができます。その際、病院での領収書等が必要になるため、しっかりと保管しておくように伝えましょう。

出産育児一時金

約50万円

（産科医療補償制度が適用されない場合は48,800円）

加入している健康保険等に申請するともらえるお金です。基本的には病院へ直接支払いされます。もし入院・分娩費が50万円を下回った場合は申請することで差額を受け取ることができます。

出産手当金

日給 × 休んだ日数 × $\frac{2}{3}$※

働いているママが妊娠・出産で仕事を休んでいる間の生活保障を目的とした制度です。出産手当金の支給は

① 勤務先で健康保険に加入
② 妊娠4か月以降の出産
③ 出産を目的とした休業

という条件を満たしている必要があります。対象期間は出産日の42日前から56日目後の間で会社を休んだ期間です。

※支給される金額は、「過去12か月の給料（標準報酬月額）を基準とした日給の2／3に相当する額」と定められています。

そのほか、さまざまな補助金、支援金があります。各市区町村のHPなどをご確認ください。

おわりに

最後まで読んでいただき、ありがとうございました。一度最後まで読み終えた方は、ぜひ時々本書をぱらぱらとめくってみてください。そのときによって、気になる内容、受け止め方も違ってくるかと思います。

孫育て講座で一番よく質問、相談をされるのは娘さんの親御様、そう皆さまです。なかにはご自身の妊娠出産よりも、娘の妊娠出産の方が心配ですと話される方もいらっしゃいます。でも、安心してくださいね。皆さまが育てたお嬢様です。きっとしっかり考え、親になっていかれることと思います。

もしも、大きな違いを感じたら、「孫育ては異文化交流。海外留学生の受け入れ」くらいに思って少し時間と距離を取りましょう。時間と距離を取ることでお互い冷静になり、物事を客観的に見ることできるようになります。

とはいえ、しんどいときに戻れる場所があるというのは、お嬢様にとっては、本当に心強いこと。どうぞ、よろしくお願いいたします。

そして、喜び、不安、悩みを、ご自身だけでなく、皆さまのパートナーと一緒にわかちあってくださいね。そして、何よりも皆さまが健康であること。ご自身のメンテナンスもお忘れなく。三世代みんなに笑顔が増える一番のキーワードは「皆さまの健康」です。

みなさまのお嬢様の妊娠、出産、子育てと、皆さまの孫育てに笑顔が増えることをお祈りしております。

2024年3月　NPO法人 孫育て・ニッポン　棒田明子

二人目の孫がうまれてくるのを待ちながら

参考文献

「はじめてママ&パパの育児」
　主婦の友社
　監修：五十嵐 隆

「はじめてママ&パパの妊娠・出産」
　主婦の友社
　監修：安達知子

「新しいパパの教科書」
　学研プラス
　NPO法人ファザーリング・ジャパン
　2013年10月（第1刷）
　2021年10月（14刷）

「娘が妊娠したら親が読む本」
　大泉書店
　監修：竹内正人　岩下宣子
　2015年6月（第1刷）
　2022年7月（5刷）

「もう孫育てで悩まない！ 祖父母&親世代の常識ってこんなにちがう？ 祖父母手帳」
　日本文芸社
　監修：森戸やすみ
　2017年4月（第1刷）

２０２１年５月（３刷）
「孫ができたらまず読む本　子育て新常識から家族とのつき合い方まで」
ＮＨＫ出版
監修：宮本まき子
２０１８年３月（第１刷）
２０２１年12月（３刷）
「おまごミニＢＯＯＫ」
公益社団法人　日本助産師会編
監修：棒田明子
２０１０年（第１刷）
２０１４年（２刷）
「子どもを事故から守る！事故防止ハンドブック」
消費者庁消費者安全課
２０２３年１月
「出産育児一時金について」
厚生労働省　保健局
２０２２年10月
「じぃじばぁばのためのふじえだ育Ｇ応援ブック」
藤枝市児童課
監修：棒田明子

棒田明子（ぼうだ・あきこ）
NPO法人孫育て・ニッポン理事長、NPO法人ファザーリング・ジャパン理事、一般社団法人産前産後ケア推進協会 監事、産前・産後アドバイザー、「３・３産後サポートプロジェクト」リーダー、防災士。「母親が一人で子育てを担うのではなく、家族、地域、社会で子どもを育てよう」をミッションに「子育て、孫育て、他孫（たまご）育て」の講演、プロジェクトを行う。著書、監修に『孫育て一年生』（KADOKAWA)、『祖父母に孫をあずける賢い100の方法』（岩崎書店)、CD『孫育て童謡』。

娘《むすめ》が妊娠《にんしん》したら知《し》りたい50のこと
家族《かぞく》が幸《しあわ》せになれる孫育《まごそだ》て

2024年4月17日　第１刷発行

監　修　棒田明子《ぼうだあきこ》

デザイン　八十島博明、黒部友理子（GRiD CO.,LTD.）
イラスト　渡邉美里（うさみみデザイン）
編集協力　横山真美

発行人　永田和泉

発行所　株式会社イースト・プレス
〒101-0051 東京都千代田区神田神保町2-4-7　久月神田ビル
Tel：03-5213-4700　Fax：03-5213-4701
https://www.eastpress.co.jp

印刷所　中央精版印刷株式会社

ISBN 978-4-7816-2300-9

本作品の情報は、2024年3月時点のものです。情報が変更している場合がございますのでご了承ください。